Wort-Gottes-Feier

Werkbuch
für die Sonn- und Festtage

Herausgegeben von den
Liturgischen Instituten Deutschlands und Österreichs
im Auftrag der Deutschen Bischofskonferenz,
der Österreichischen Bischofskonferenz
und des Erzbischofs von Luxemburg

Trier 2004

Die Ständige Kommission für die Herausgabe der gemeinsamen liturgischen Bücher im deutschen Sprachgebiet erteilte für die aus diesen Büchern entnommenen Texte die Abdruckerlaubnis. Die darin enthaltenen biblischen Texte sind Bestandteil der von den Bischofskonferenzen des deutschen Sprachgebietes approbierten Einheitsübersetzung der Hl. Schrift.

© VzF Deutsches Liturgisches Institut, Trier 2004
ISBN 3-937796-02-9

Zeichnungen Tusche © Benedikt Werner Traut, Gundelfingen/Breisgau
Seite 8 und 68 Verdichtungen 1989, 54 × 76 cm
Seite 18 Gekreuzte Verdichtungen – Verdichtete Kreuzungen 1993, 34,2 × 24 cm
Einbandgestaltung © Andreas Poschmann, Konz
Satz: SatzWeise, Föhren
Druck: Druckerei Ensch GmbH, Trier 2005

Auslieferung
VzF Deutsches Liturgisches Institut
Postfach 2628, D-54216 Trier
Fon 0[049]6 51 / 9 48 08-50, Fax 0[049]6 51 / 9 48 08-33
E-Mail: dli@liturgie.de

Bestell-Nr. 5290

Geleitwort

„Betet ohne Unterlass!" (1 Thess 5,17) Dieser Mahnung des Apostels Paulus hat sich die Kirche heute wie zu allen Zeiten zu stellen. Sie tut dies besonders in der Feier der Tagzeitenliturgie, dem Stundengebet, das zusammen mit der Eucharistie der älteste Gottesdienst der christlichen Gemeinde ist und sich im Lauf der Geschichte in verschiedenen Formen entfaltet hat.

Neben der Tagzeitenliturgie kennt die Kirche die Wort-Gottes-Feier als eigenständige Gottesdienstform. Schon das Zweite Vatikanische Konzil (SC 35, 4) empfiehlt sie neben den selbstverständlichen Eucharistiefeiern. Durch die Vielfalt ihrer Gestaltung bietet sie die Möglichkeit, Feiern des Kirchenjahres und Feste im Leben der Menschen sowie spezielle Gedenktage liturgisch zu begehen.

Seit den Tagen der Apostel versammeln sich die Christen am ersten Tag der Woche zur Feier der Eucharistie, die für sie unverzichtbar ist. Der Mangel an Priestern hat auch hierzulande dazu geführt, dass die sonntägliche Eucharistiefeier nicht mehr in jeder Gemeinde möglich ist. Dennoch muss es Ziel und Aufgabe der Kirche bleiben, darauf hinzuwirken, dass jede Pfarrgemeinde auch in Zukunft die sonntägliche Eucharistie feiern kann. Ist jedoch eine Messfeier nicht möglich und ist der nächste Ort, an dem die heilige Eucharistie gefeiert wird, unzumutbar weit entfernt, so soll die Pfarrgemeinde am Sonntag eingedenk des Herrenwortes: „Denn wo zwei oder drei in meinem Namen versammelt sind, da bin ich mitten unter ihnen" (Mt 18,20) zu einer Wort-Gottes-Feier zusammenkommen, um die Gegenwart des Herrn in seinem Wort zu feiern. So werden die Gläubigen einander und ihren Herrn nicht aus den Augen verlieren, und ihre Sehnsucht nach der heiligen Eucharistie wird lebendig bleiben.

In diesem Sinne schreibt Papst Johannes Paul II. in seiner Enzyklika *Ecclesia de Eucharistia*: „Wenn einer Gemeinde der Priester fehlt, sucht man mit Recht nach einer gewissen Abhilfe, damit die sonntäglichen Gottesdienste weiterhin stattfinden. Die Ordensleute und Laien, die ihre Brüder und Schwestern im Gebet leiten, üben in lobenswerter Weise das gemeinsame Priestertum aller Gläubigen aus, das in der Taufgnade gründet. Derartige Lösungen müssen aber als bloß vorläufig betrachtet werden, solange die Gemeinde auf einen Priester wartet." (Nr. 32)

Um dieses Anliegen zu fördern, empfehlen wir nachdrücklich das auf Anregung der Liturgiekommission der Deutschen Bischofskonferenz, der Liturgischen Kommission für Österreich und der Diözesanbeauftragten für Liturgie der deutschen Diözesen erarbeitete Buch „Wort-Gottes-Feier" und wünschen ihm weite Verbreitung.

Am Hochfest der Verkündigung des Herrn, dem 25. März 2004

Joachim Cardinal Meisner
Erzbischof von Köln
Vorsitzender der Liturgiekommission
der Deutschen Bischofskonferenz

Egon Kapellari
Bischof von Graz-Seckau
Vorsitzender der Liturgischen
Kommission für Österreich

Fernand Franck
Erzbischof von Luxemburg

Inhalt

Geleitwort 3

Pastorale Einführung 9

I. Die Wort-Gottes-Feier 19

A) Grundelemente einer Wort-Gottes-Feier 21
  Allgemeine Hinweise 21
  Einzelne Elemente einer Wort-Gottes-Feier 24
  Aufbau einer Wort-Gottes-Feier 33
  Austeilung und Empfang der Kommunion 41

B) Die Wort-Gottes-Feier an Sonn- und Festtagen 44
  Aufbau 44
  Feier 46
  Austeilung und Empfang der Kommunion 65

II. Auswahlelemente 69

Kyrie-Rufe 71

Orationen 75
  Eröffnungsgebete 76
    a) Sonn- und Festtage der geprägten Zeiten 76
    b) Die Zeit im Jahreskreis (Sonntage) 94
    c) Festtage 160
  Schlussgebete 169

Sonntäglicher Lobpreis 172
  A. Lobpreis und Dank für das Geschenk des Sonntags 172
  B. Lobpreis des dreieinigen Gottes 172
  C. Lobpreis und Dank für Schöpfung und Neuschöpfung 174
  D. Lobpreis und Dank für Jesus Christus 178

E. Lobpreis und Dank für Gottes Wirken 180
F. Lobpreis und Dank für Gottes Wort 182
G. Lobpreis und Danksagung für den Sonntag 184

Zeichenhandlungen 186
Taufgedächtnis 186
Lichtdanksagung (Luzernar) 190
Weihrauch-Spende 196
Verehrung des Wortes Gottes 200

Fürbitten 201

Abkürzungen 207

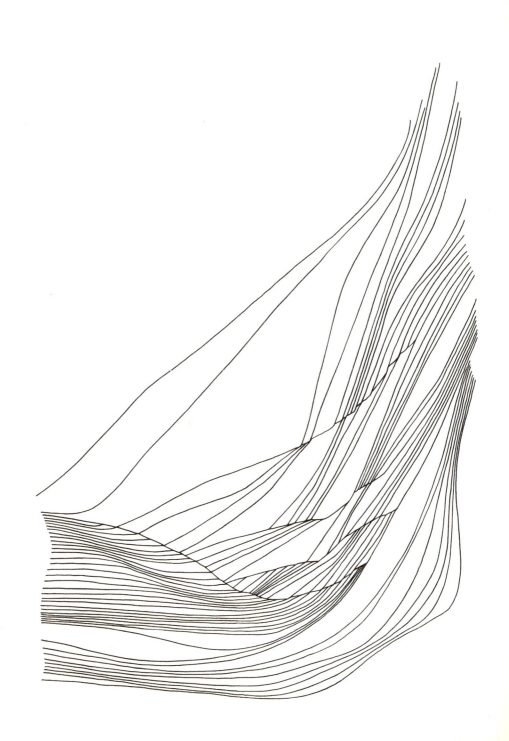

Pastorale Einführung

A. Vorbemerkungen

1. Die neue Situation

Die umwälzenden Veränderungen in Kirche und Gesellschaft in den letzten Jahrzehnten haben tief greifende Auswirkungen auf das gottesdienstliche Leben mit sich gebracht. Die Liturgische Erneuerung des Zweiten Vatikanischen Konzils hat die Gläubigen an ihre bis dahin ungewohnte Rolle der tätigen Teilnahme am Gottesdienst erinnert. In der Aufbruchstimmung dieser Zeit haben viele Frauen und Männer ihre Mitverantwortung aufgrund des gemeinsamen Priestertums aller Getauften entdeckt und Fähigkeiten, guten Willen, Zeit und Kraft in die Gestaltung von Gottesdiensten eingebracht. Daraus ist für sie selbst und in ihren Gemeinden viel Gutes geschehen.

Gleichzeitig sind Entwicklungen festzustellen, die Sorge bereiten oder Angst machen können. Dramatisch wirkt sich vor allem der Mangel an Priestern aus: Immer weniger von ihnen stehen zur Verfügung, um mit den Gemeinden die Eucharistie zu feiern.

Das stellt in einer wachsenden Zahl von Gemeinden den Sonntagsgottesdienst selbst in Frage. Denn seit den Anfängen des Christentums versammeln sich die Jünger Jesu, die Christen, am ersten Tag der Woche, dem „Herrentag" (Offb 1,10), wie er seit den Tagen nach der Auferstehung Jesu auch genannt wird, um das Gedächtnis ihres Herrn zu feiern. Sie tun es, indem sie „das Brot brechen" (vgl. Apg 2,42 u. 46) und dabei dankbar dessen gedenken, was der Herr sie gelehrt, was er getan hat und was er für sie war und ist. Dieses „Brotbrechen" kann nach der Lehre der Kirche dort nicht stattfinden, wo kein Priester zur Verfügung steht.

2. Die gottesdienstliche Versammlung

Eindrucksvoll hat im Jahr 1975 die Gemeinsame Synode der Bistümer in der Bundesrepublik Deutschland im Rückgriff auf die Konstitution des Zweiten Vatikanischen Konzils über die heilige Liturgie „Sacrosanctum Concilium" (Art. 106) gesagt:

„Seit der Auferstehung Jesu Christi versammeln sich Menschen im Namen Jesu, des Herrn, um Gott zu danken und seiner großen Taten für das Heil aller Menschen zu gedenken, um sich zu stärken im Bekenntnis des gemeinsamen Glaubens und um ihr Leben auf das verheißene Reich Gottes auszurichten. In ihrem Gottesdienst bewahrt und bezeugt die Kirche die Fülle ihres Glaubens. Im Laufe der Geschichte hat die Kirche immer wieder staunend und dankbar neue, sich ergänzende Aspekte ihres liturgischen Handelns wahrgenommen oder wiederentdeckt – in der Feier der Eucharistie, der anderen Sakramente und aller übrigen Arten gottesdienstlicher Versammlung. Dabei ist sie sich bewusst, dass der Sinn der gottesdienstlichen Feier und des liturgischen Geschehens nur von dem ganz verstanden werden kann, der den christlichen Glauben teilt. Nach der Überzeugung der Christen unterscheidet sich die gottesdienstliche Versammlung wesentlich von anderen Zusammenkünften und kirchlichen Veranstaltungen. Denn in der liturgischen Versammlung wird ‚die Gegenwart des Herrn' gefeiert: Er – der Herr der Kirche – ruft sein Volk zusammen, damit es seine Worte und Weisungen hört; er schenkt sich in mannigfachen Zeichen; er gibt uns die Kraft zur Antwort und lässt uns annehmen, was er gewährt. Er stärkt den Glauben seiner Gemeinde und eint sie in seiner Liebe. – Liturgie gründet darauf, dass Gott selbst der Handelnde ist. Gottesdienst bedeutet nicht, dass Menschen über Gott verfügen wollen, sondern dass sie sich ihm zur Verfügung stellen. Im Zentrum des Gottesdienstes steht nicht unsere Aktivität, sondern Gottes befreiende Tat, die in und durch Jesus Christus gegenwärtig wird. Deshalb verstehen Christen ihre gottesdienstliche Versammlung – auch bei schlichten äußeren Formen – als Feier. Gottes Einsatz für den Menschen macht ihr Mühen keineswegs überflüssig, übersteigt es aber in einer Weise, die sich nur ahnen lässt. Sie feiern nicht ihre Taten, sondern sein Erbarmen. Sie sind überzeugt, dass Gott in Jesus Christus das Entscheidende getan hat. Erlösung erwarten sie nicht durch ihre eigenen Leistungen, sondern durch ihn, der gerettet hat und rettet. Darum kommen die Christen zusammen, um in den wechselnden Situationen des Lebens diese Botschaft immer besser zu begreifen und von ihr durch den Geist Jesu Christi ergriffen zu werden. Sie versammeln sich, um ihre Dankbarkeit gemeinsam auszudrücken, aber auch ihre Schuld und ihr Versagen zu bekennen. Sie können nicht aufhören, von ihrer Hoffnung zu singen und zu träumen und sehen darin einen unersetzlichen Dienst an der Menschheit. Sie feiern nicht, um dem Alltag zu entfliehen, sondern um ihn in der Kraft Gottes zu bestehen im Dienst am Nächsten. Durch ihre gottesdienstlichen Feiern und durch das, was darin geschieht, bekennen sie ihren Glauben, der sich vollendet, wenn er in der Liebe wirksam wird." (Synodenbeschluss Gottesdienst 1, Würzburg 1976)

Wir sind es gewohnt, beim Wort „Sonntagsgottesdienst" ausschließlich an die Eucharistiefeier zu denken. Sie ist zwar der Höhepunkt allen gottesdienstlichen Tuns und darum für den Sonntag unverzichtbar. Doch auch im Wortgottesdienst geschieht, wovon die Synode spricht: In ihm hören die Gläubigen Gottes Wort, durch das sie Weisung und Stärkung erfahren, und geben darauf ihre Antwort in Gebet und Zeichen. Dafür bedarf es freilich Menschen, die eine solche Feier vorbereiten und leiten. Inzwischen sind viele Frauen und Männer in der Lage und bereit mitzuwirken, dass in den Gemeinden auch dann Gottesdienst gefeiert werden kann, wenn kein Priester da ist. Sie bedürfen freilich der Ermutigung, Befähigung und Begleitung zu diesem Dienst.

3. Der Auftrag zur Leitung

Die Ermächtigung zur Leitung von Gottesdiensten durch Laien stammt einerseits aus der priesterlichen Würde aller Getauften, die ihnen das Recht gibt, einander Gottes Wort zuzusprechen, voreinander seine Zeugen zu sein und füreinander vor Gott einzutreten. Andererseits bedarf es, wenn es sich um einen Gemeindegottesdienst handelt, einer entsprechenden Beauftragung durch die zuständige kirchliche Autorität. Während die Bischöfe, Priester und Diakone mit der Weihe ein Amt auf Dauer und die entsprechende Vollmacht erhalten, wird den Laien ein zeitlich und örtlich umschriebener Auftrag gemäß den diözesanen Richtlinien erteilt.*

B. Wert und Bedeutung der Wort-Gottes-Feier

1. Bedeutsames Menschenwort

Menschliche Worte geben nicht nur Informationen, sondern schaffen auch neue Situationen: das Du aus dem Mund eines geliebten Menschen, der Name, ein „Ich freue mich über dich", ein „Bitte" oder „Danke", ein „Ich vertraue dir". Worte schenken Kraft zum Leben, wecken Freude, schaffen Gemeinschaft oder stellen verlorene Beziehungen wieder her: „Vergib mir – ich vergebe dir". Worte können Frieden stiften und Völker verbinden. Worte können freilich auch verletzen, in Verzweiflung treiben, Gemeinschaft zerstören, Krieg bedeuten. Mit Worten lassen sich Verträge schließen, lässt sich Ordnung schaffen, wird Verlässlichkeit gesichert. Worte können allerdings auch täuschen und trügen. Worte sind also wichtig für die Entfaltung der Einzelnen wie für das Zusammenleben. Dabei kommt es mehr auf die Qualität als auf die Quantität an. Ein einziges kurzes Wort kann einem Menschen Hoffnung geben, ihn ganz neu

---

* Vgl. Zum gemeinsamen Dienst berufen. Die Leitung gottesdienstlicher Feiern – Rahmenordnung für die Zusammenarbeit von Priestern, Diakonen und Laien im Bereich der Liturgie (Die deutschen Bischöfe 62), Bonn 1999, sowie die dazu in einzelnen Bistümern erlassenen Ausführungsbestimmungen.

leben lassen – denken wir nur an Worte wie: „Ich liebe dich, ich brauche dich, ich zähle auf dich". So kann schon das menschliche Wort einen tätigen und wirksamen Charakter haben. Das gilt in unvergleichlich höherem Maß von Gottes Wort.

2. Wirkmächtiges Gotteswort

Ein Blick auf die erste Seite der Heiligen Schrift lässt erkennen, wie glaubende Menschen Gott verstanden haben: „Gott sprach … und es wurde …" Es wird erzählt, wie alles angefangen hat, noch lange bevor der erste Mensch seinen Mund auftun konnte: Gott ruft durch sein Wort die Schöpfung in das Sein, scheidet die Wasser über dem Himmel von denen auf der Erde, lässt Pflanzen und Tiere entstehen, wachsen und leben. Gott spricht dem Menschen seine Würde zu und gibt ihm sein Gesetz.

Nach der biblischen Überlieferung spricht Gott immer wieder die Menschen an: Er sammelt sein Volk, ermutigt, stärkt und tröstet es und schenkt ihm Hoffnung. So wird sein Wort auch zur Wegweisung, das die Menschen an ihre Verantwortung erinnert, sie mahnt, wenn sie Wege des Verderbens gehen, und ihnen Rettung und eine glückliche Zukunft verheißt, wenn sie sich auf sein Wort einlassen.

Unüberbietbar spricht schließlich Gott sich selbst aus in seinem Fleisch gewordenen Wort, Jesus von Nazaret, dem Christus. Auch sein Leben beginnt mit Worten: der Botschaft, die der Engel Maria überbringt, und ihrer Antwort, dem Ja.

Jesus beruft Jünger in seine Nachfolge, indem er sie anspricht. Er vergibt Sündern und spricht sein heilendes Wort Kranken, Besessenen und Aussätzigen zu. Er lehrt die Seinen und spricht zu den Scharen, die ihn hören wollen, die unerhörte Botschaft der Seligpreisungen und das Gebot der Feindesliebe, den Ruf zur Nachfolge und die Verheißungen seines Reiches und der künftigen Herrlichkeit. Manchmal ist sein Wort auch Antwort, etwa auf den Schrei des Blinden am Weg: „Sohn Davids, Jesus, hab Erbarmen mit mir!" (Mk 10,47b)

Jesus führt damit fort, was Gott zu allen Zeiten getan hat, wenn Menschen zu ihm riefen. Als die Israeliten in der ägyptischen Sklaverei und in den Nöten der Wüste zu ihm schrien, sandte er Mose, der sie herausführte und ihnen Gottes Gebote brachte. Und in den Zeiten, als das Volk sich von ihm entfernte und in die Verbannung geriet, gab er ihm Weisung durch die Mahnrufe und die Verheißungen seiner Propheten.

An das schöpferische Wort Gottes wird erinnert, wenn in der Feier des Gottesdienstes die Heiligen Schriften gelesen werden. Da wird nicht nur etwas einst Gesagtes wiederholt – etwa zur Information oder indem die Gläubigen angesprochen und zu gutem Handeln aufgefordert werden. Wir wissen vielmehr im Glauben, dass Gott durch sein Wort in der Liturgie gegenwärtig ist (vgl. SC 7) und dass dieses in der Liturgie verkündete Wort an uns wirksam wird, auch wenn unsere Erfahrung dem nicht immer entspricht; denn jeder Mensch steht letztlich vor dem geheimnisvollen Gott, dessen Gedanken nicht unsere Gedanken und dessen Wege nicht unsere Wege sind (vgl. Jes 55,8 f.).

Die Gegenwart Gottes in seinem Wort ist der tiefste Grund für die hohe Verehrung, die dem Wort Gottes durch eigene Riten und durch den ehrfürchtigen Umgang mit dem Buch der Heiligen Schrift, insbesondere dem Evangelienbuch, entgegengebracht wird. Wie den Leib des Herrn selbst, so habe die Kirche immer auch die Heiligen Schriften verehrt, stellt das Zweite Vatikanische Konzil dazu fest (vgl. DV 21).

3. Des Menschen Antwort

Das Wort, das Gott zum Menschen spricht, verlangt nach Antwort. An vielen Stellen berichtet die Heilige Schrift davon, wie Menschen durch ihr Tun und mit Worten auf Gottes Wort reagierten: Gläubiges Vertrauen spricht aus der Antwort Abrahams auf Gottes Verheißung. Selbstrechtfertigung spricht aus den Worten Adams nach dem Sündenfall im Paradies. Widerspruch und Auflehnung zeigen sich im Ringen des Ijob mit Gott. Gehorsam zeigt sich in der Antwort des Jesaja auf Gottes Ruf.

Die Psalmen sammeln die Vielfalt menschlicher Antwort auf Gottes Anruf in Klage und Bitte, Jubel, Dank und Lobpreis. Hier zeigt sich auch, wie weit solche Rede an Gott gehen kann: In den so genannten „Fluchpsalmen" tun sich Abgründe menschlicher Not und Aggressivität auf, die wir am liebsten selbst vor Gott totschweigen würden.

4. Gott und Mensch im Dialog

Gott richtet sein Wort an den Menschen und der Mensch gibt darauf seine Antwort. So ist Gottesdienst immer ein dialogisches Geschehen zwischen Gott und Menschen im Tun und in Worten, im Sprechen, Hören und Antworten – in Worten freilich, die sich nicht in Information, Erklärung und Belehrung erschöpfen. In diesen Worten geht es um das, was Sprache zutiefst ist – ein Mittel, um auszudrücken, was in uns Menschen ist: unsere Angst und unsere Hoffnung, unsere Verzweiflung und unser Glück, unsere Sünde und unsere Heiligkeit.

Jeder Gottesdienst ist ein zutiefst worthaftes Geschehen, nicht auf der Ebene belangloser Wörter, sondern auf der Ebene, die Gott vorgegeben hat, als sein Wort Fleisch geworden ist: Jesus, Gottes Wort, ist ein Kind in der Krippe, ein Lehrer derer, die nach Wahrheit hungern, den Sündern ein Befreier, den an Leib und Seele Kranken ein Heiland, am Ende gekreuzigt und begraben, errettet aus dem Tod, geheimnisvoll und manchmal unverstanden, aber stark genug, Menschen in seine Nachfolge zu rufen, und mächtig genug, um Lahme aufstehen und Aussätzige rein werden zu lassen.

Was Jesus gesagt und machtvoll getan hat und alles, was die Kirche in seinem Auftrag und in der Kraft des Heiligen Geistes tut, ist Gottes Dienst am Menschen. Angesichts dessen gleicht die menschliche Antwort oft nur einem Stammeln. Trotzdem ist auch dieses Antworten nicht gering zu schätzen. Solches Stammeln – mag es auch so hilflos sein wie die Bitte des Blinden: „Rabbuni, ich möchte wieder sehen" (Mk 10,51b) – ist das, was Gott von uns erwartet und zu dem wir fähig sind kraft des Heiligen Geistes.

5. Feier des Wortes Gottes

In Jesus von Nazaret ist Gottes Wort Fleisch geworden (vgl. Joh 1,14). Ihn feiern wir, wenn wir sein Wort hören. Das gilt zunächst von den Schriften des Neuen Testamentes. Es gilt aber auch von Gottes Wort, das sich im Alten Testament niedergeschlagen hat.

Feier des Wortes Gottes heißt: Dieses Wort steht im Mittelpunkt; alles dreht sich um dieses Wort. Dieses Wort bringt Freude, es tröstet und befreit. Das Zusammenspiel von Wort, Gebet und Gesang lässt immer neu eine Gemeinschaft erleben, in der Gottes Reich aufscheint. Diese Erfahrung hilft zum Bestehen in einer Welt, in der weithin Macht und Gewalt herrschen, und zum Bewältigen eines Lebens, das von Leid und Schmerz nicht verschont bleibt. Aus Zuhörenden wird eine Heilsgemeinschaft derer, die sich vom Wort Gottes ergreifen lassen und aus seiner Kraft leben.

6. Feier mit allen Sinnen

Ein Geschehen, das die Menschen und ihre Gemeinschaft so tief und so umfassend angeht, erfasst wie von selbst Leib und Seele, Denken und Fühlen, alle Sinne.

Das hat Auswirkungen auf den Raum für die Feier und seine Einrichtung. Ganz allgemein gilt: Was wichtig ist, hat auch seinen eigenen Ort. Darum ist der Ambo mehr als ein Lesepult mit einem Mikrophon. Er ist der Thron des Buches der Heiligen Schrift; daher soll er allein der Verkündigung des Wortes Gottes dienen.

Auch das Buch, aus dem das Wort Gottes vorgetragen wird, muss etwas erahnen lassen von der Würde des Wortes Gottes. In der liturgischen Tradition hat sich der Brauch entwickelt, neben dem Mess-Lektionar ein kostbares Evangeliar zu verwenden und es zu ehren durch eine Prozession, Weihrauch und Kerzen.

Zur Feier mit allen Sinnen gehören unterschiedliche Körperhaltungen: Sitzen zum aufmerksamen Hören der Lesungen und beim Antwortpsalm, Sich-Erheben zum Huldigungsruf des Halleluja, Stehen beim Vortrag des Evangeliums, Sitzen beim Anhören der Ansprache und dann wieder Stehen zum Glaubensbekenntnis sowie zum lobpreisenden und fürbittenden Gebet.

Um den Gefühlen wie Freude, Dank, Hoffnung oder auch Trauer und Sorge angemessenen Ausdruck zu geben, spielen Gesang und Musik eine wichtige Rolle. Darüber hinaus lassen sie die Struktur der gesamten Feier und die Funktion der einzelnen Teile besser erkennen und erleben.

Schließlich ist Stille für den Gottesdienst unverzichtbar, damit er sich nicht im äußeren Tun erschöpft, sondern die Mitfeiernden in ihrem Innersten anrühren kann.

C. Feier-Formen

Tagzeitenliturgie

„Betet ohne Unterlass!" (1 Thess 5,17) Diese Mahnung des Apostels Paulus erfüllt die Kirche in Fortführung der jüdischen Tradition in der Feier der Tagzeitenliturgie. Sie ist ältester täglicher Gottesdienst der christlichen Gemeinde und empfiehlt sich vor allem auch am Sonntag neben der Feier der Eucharistie bzw. der Wort-Gottes-Feier.

Am Abend, am Morgen, vielfach auch am Mittag oder in der Nacht, an Angelpunkten des Tages, kommen Gläubige zum Gebet zusammen. Dies kann eine

Hilfe zur Gestaltung des persönlichen Tagesablaufs sein, eine Zeit, die zur Ruhe und zum Innehalten einlädt. Durch das Gebet in Gemeinschaft lässt sich Kraft finden für den Alltag und Solidarität im Glauben erfahren. Alle, die als Einzelne oder in Gemeinschaft die Tagzeitenliturgie feiern, erfüllen durch ihr Dasein vor Gott in Lobpreis und Bitte den Auftrag Jesu Christi und seiner Kirche.

In vielen Gemeinden wird die gemeinsame Feier der Tagzeitenliturgie wieder entdeckt und damit den Aussagen des Konzils und der Allgemeinen Einführung in das Stundengebet Rechnung getragen, dass dem Gebet der Gemeinschaft eine ganz besondere Würde zukommt, weil Christus selber gesagt hat: „Wo zwei oder drei in meinem Namen versammelt sind, da bin ich mitten unter ihnen." (Vgl. SC 100; AES 9 u. 20–27)

In den beiden Hauptgebetszeiten am Morgen und am Abend, in Laudes und Vesper, bezeugt die feiernde Gemeinde die Gegenwart des österlichen Heils: Mit der aufgehenden Sonne empfängt sie den neuen Tag. Im Zeichen der Sonne gedenkt sie der Auferstehung ihres Herrn, sie feiert ihn, die Sonne ihres Heils. Am Abend, in die untergehende Sonne hinein, verabschiedet sie der zu Ende gehenden Tag. Dabei gedenkt sie des Todes ihres Herrn, des Abendopfers seines Lebens.

Wort-Gottes-Feier

Seit den Tagen der Apostel versammeln sich die Christen am ersten Tag der Woche zur Feier der Eucharistie, die für sie unverzichtbar ist. Der Mangel an Priestern hat auch hierzulande dazu geführt, dass die sonntägliche Eucharistiefeier nicht mehr in jeder Gemeinde möglich ist. Daher empfiehlt bereits die Gemeinsame Synode der Bistümer in der Bundesrepublik Deutschland, dort sonntägliche Wortgottesdienste ohne Priester zu feiern, wo keine Eucharistiefeier stattfinden kann (Beschluss „Gottesdienst" 2.4.3).

Dabei muss klar bleiben: Zur Eucharistiefeier gibt es keine Alternative. Es ist nicht so, als könne man zwischen zwei gleichwertigen Möglichkeiten wählen. Das muss spürbar sein. Eine Wort-Gottes-Feier soll nur dort an die Stelle der sonntäglichen Messfeier treten, wo die Eucharistie nicht gefeiert werden kann und der nächste Ort, an dem die heilige Messe gefeiert wird, unzumutbar weit entfernt ist. Die Regelung dafür trifft der jeweilige Diözesanbischof.

Die hier vorgelegten Modelle möchten jede Verwechslung mit der Eucharistiefeier ausschließen und versuchen deshalb, der Wort-Gottes-Feier in der Abfolge wie in der Gestalt der einzelnen Elemente ein eigenständiges Profil zu geben. So kann nicht der Eindruck entstehen, die Wort-Gottes-Feier sei der erste Teil der Messfeier, der die Mahlfeier fehlt.

In jedem Fall bleibt es aber Ziel und Aufgabe der Kirche, darauf hinzuwirken, dass jede Pfarrgemeinde auch in Zukunft die sonntägliche Eucharistie feiern kann.

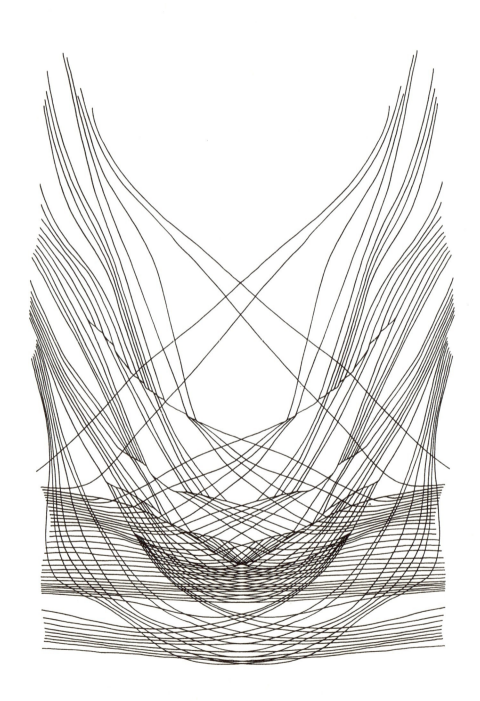

I. Die Wort-Gottes-Feier

A) Grundelemente einer Wort-Gottes-Feier

1. „In der Liturgie spricht Gott zu seinem Volk; in ihr verkündet Christus noch immer die Frohe Botschaft. Das Volk aber antwortet mit Gesang und Gebet."[1] Das liturgische Prinzip von Wort und Antwort prägt deshalb die Grunddramaturgie der Wort-Gottes-Feier.

Allgemeine Hinweise

Die Vorbereitung

2. Die Vorbereitung der Feier hat ihren Ausgangspunkt in den für die Wort-Gottes-Feier vorgesehenen Schrifttexten. Sie soll von möglichst vielen, vor allem von denen, die bei dieser Feier einen Dienst ausüben, inhaltlich und (auch musikalisch) gestalterisch vorbereitet werden.

Liturgische Dienste

3. Die liturgischen Dienste, die üblicherweise in der Messfeier ihre Aufgabe wahrnehmen, sollen dies auch bei der Wort-Gottes-Feier tun. Auch hier gilt: „Bei den liturgischen Feiern soll jeder […] in der Ausübung seiner Aufgabe nur das und all das tun, was ihm aus der Natur der Sache und gemäß den liturgischen Regeln zukommt."[2]

Einzelne Dienste sind:

4. Leiter/Leiterin: Diakon, Gottesdienstbeauftragte/r[3]

Ihm/Ihr kommt vor allem zu:
- bei der Eröffnung: das Kreuzzeichen, der Liturgische Gruß und das Eröffnungsgebet;

---

[1] SC 33.

[2] SC 28.

[3] Vgl. Zum gemeinsamen Dienst berufen. Die Leitung gottesdienstlicher Feiern – Rahmenordnung für die Zusammenarbeit von Priestern, Diakonen und Laien im Bereich der Liturgie (Die deutschen Bischöfe 62), Bonn 1999, Nr. 12. Leitet ein Diakon die Feier, so richtet er sich nach den für Diakone geltenden liturgischen Regeln.

– bei den Antwortelementen: die Einladung zum Schuldbekenntnis und die
  Vergebungsbitte; die Einladung zum Friedenszeichen; die Einladung zum
  Sonn-(Fest-)täglichen Lobpreis; die Segnung;
– bei den Fürbitten: die Eröffnung (und der Abschluss);
– die Überleitung zum Vaterunser;
– beim Abschluss: die Segensbitte und die Entlassung.

5. Gegebenenfalls können zusammen mit dem Leiter/der Leiterin noch (ein
oder zwei) weitere Gottesdienstbeauftragte beteiligt sein. Diese können bei-
spielsweise das Eröffnungswort, die Verkündigung und Auslegung des Wortes
Gottes sowie gegebenenfalls die Einladung zur Kommunion übernehmen.

6. Weitere liturgische Dienste:
– Lektor/Lektorin
– Vorbeter/Vorbeterin
– Vorsänger/Vorsängerin (Kantor/Kantorin)
– Schola und Chor
– Organist/Organistin
– Ministranten und Ministrantinnen
– Küster/Küsterin (Mesner/Mesnerin, Sakristan/Sakristanin)
– [Kommunionhelfer/Kommunionhelferin]

▨ *Liturgische Bücher*

7. Da eine Wort-Gottes-Feier immer Gottesdienst der Kirche ist, werden die
liturgischen Bücher verwendet:
– „Die Wort-Gottes-Feier"
– Mess-Lektionar (Bibel)
– (Evangeliar)
– gegebenenfalls Benediktionale
– Gotteslob, Kantorenbuch und andere musikalische Rollenbücher etc.

▨ *Liturgische Kleidung*

8. Der Leiter/Die Leiterin trägt bei der Ausübung seines/ihres Dienstes – wie die
übrigen liturgischen Dienste – die vorgesehene liturgische Kleidung, gegebenenfalls eine andere diesem Dienst angemessene Kleidung.

■ *Liturgische Orte*

9. Alle, die einen besonderen liturgischen Dienst ausüben, nehmen den ihrer Aufgabe entsprechenden Platz ein:
— Sitz des Leiters/der Leiterin[4]
— Ambo
— Plätze für andere liturgische Dienste
— Altar[5]

■ *Liturgische Haltungen*

10. Die gemeinsame Körperhaltung der Mitfeiernden ist ein äußeres Zeichen der tätigen Teilnahme, stiftet Einheit und trägt auch zur Vertiefung der Feier bei. Die Liturgie kennt folgende liturgische Grundhaltungen: Stehen, Sitzen, Knien und Verneigen.

Stehen

11. Das Stehen ist die eigentliche Grundhaltung der im Glauben versammelten christlichen Gemeinde. Jesus hat uns aus der Knechtschaft der Sünde befreit und würdig gemacht, vor Gott zu stehen.[6]

Die Gemeinde steht
— während der Eröffnung,
— beim Ruf vor dem Evangelium und während des Evangeliums,
— während der (meisten) Antwortelemente,
— während des Sonn-(Fest-)täglichen Lobpreises, der Fürbitten und des Vaterunsers,
— während des Abschlusses.

---

[4] Der Vorstehersitz soll nicht benutzt werden. Vgl. Kongregation für den Gottesdienst, Direktorium „Sonntäglicher Gemeindegottesdienst ohne Priester" (VAS 94), Bonn 1988, Nr. 40; Zum gemeinsamen Dienst berufen Nr. 63.
[5] Der Leiter/Die Leiterin begibt sich nicht an den Altar. Ist mit einer Wort-Gottes-Feier nach diözesaner Regelung eine Kommunionfeier verbunden, tritt der Leiter/die Leiterin erst zu deren Beginn vor den Altar. Vgl. Zum gemeinsamen Dienst berufen Nr. 63.
[6] Vgl. Zweites Eucharistisches Hochgebet.

Sitzen

12. Das Sitzen ist die Haltung des aufnehmenden und betrachtenden Hörens.

Die Gemeinde sitzt
– während der Lesungen und des Psalms bzw. des Antwortgesanges,
– während der Deutung der Schriftlesungen.

Knien

13. Im Knien bringt der Mensch seine Demut vor Gott zum Ausdruck. Knien ist
Zeichen der Ehrfurcht und der Anbetung.
– Eine Kniebeuge machen alle vor dem Allerheiligsten (im Tabernakel) beim
  Betreten und Verlassen der Kirche.
– Die Gemeinde kann beim Schuldbekenntnis knien (besonders in der Fasten-
  zeit).
– [Falls mit der Wort-Gottes-Feier die Kommunionausteilung verbunden ist,
  wird das Allerheiligste nach dem Öffnen des Tabernakels von demjenigen, der
  es zum Altar überträgt, durch eine Kniebeuge verehrt. Zur Stillen Anbetung
  nach der Übertragung knien alle.]

Verneigen

14. Das Verneigen des Hauptes oder des Körpers ist Ausdruck der Ehrfurcht.
Eine Verneigung
– machen alle vor dem Altar beim Betreten und Verlassen der Kirche,
– macht die Gemeinde beim Schuldbekenntnis – wo es üblich ist,
– und bei der Verehrung des Mess-Lektionars und Evangeliars.

Einzelne Elemente einer Wort-Gottes-Feier

Verkündigung des Wortes Gottes

Wort Gottes aus der Heiligen Schrift

15. In den Schriftlesungen wird den Gläubigen der „Tisch des Wortes Gottes"[7]
bereitet und der Reichtum der Schrift erschlossen. Christus selbst ist in seinem

---

[7] SC 51.

Wort inmitten der Gläubigen gegenwärtig. Die geltende Leseordnung für die Messfeier dient dazu, die Fülle des göttlichen Geheimnisses in den beiden Testamenten lebendig zu verkünden.

Die Verkündigung des Wortes Gottes aus der Heiligen Schrift umfasst an Sonntagen und Hochfesten:

16. Erste Lesung: Die Erste Lesung ist außerhalb der Osterzeit den Büchern des Alten Testamentes, innerhalb der Osterzeit der Apostelgeschichte des Neuen Testamentes entnommen.

17. Psalm: Der der Lesung zugeordnete Psalm, der selbst Wort Gottes ist, greift den Inhalt der Lesung auf und fördert die Betrachtung des Wortes Gottes.

18. Zweite Lesung: Die Zweite Lesung ist den Briefen und dem Buch der Offenbarung aus dem Neuen Testament entnommen.

19. Ruf vor dem Evangelium: Der Ruf zum Evangelium ist der Begleitgesang zur Evangelienprozession. Die Gemeinde huldigt mit diesem Ruf dem in seinem Wort gegenwärtigen Herrn.

20. Evangelium: Das Evangelium wird einem der vier Evangelienbücher des Neuen Testamentes entnommen. Die Verkündigung des Evangeliums ist der Höhepunkt einer sonn-(fest-)täglichen Wort-Gottes-Feier.

Auslegung und Deutung des Wortes Gottes

21. Im Anschluss an die Schriftlesung(en) folgen in der Regel Auslegung und Deutung in unterschiedlichen Formen:
– Predigt (Homilie): Im engen Anschluss an die Schriftlesung wird versucht, die Aussagen der Schrift fruchtbar zu machen für den Glauben und das Leben der Mitfeiernden. Für den Predigtdienst bedarf es einer besonderen Beauftragung.
– Gegebenenfalls kann die Predigt durch eine Lesepredigt ersetzt werden.
– Dialogpredigt: Sie ist besonders geeignet, Fragen und Probleme angesichts der Schriftlesung anzusprechen.
– Glaubenszeugnisse: In Verbindung mit dem Schriftwort bringen Einzelne persönliche Glaubenserfahrungen zur Sprache.
– Geistlicher Impuls: Im Wechsel von geistlichen Gedanken und Zeiten der Stille soll den Mitfeiernden geholfen werden, sich in das Schriftwort zu vertiefen.

– Bildliche und musikalische Elemente: Sie helfen der Gemeinde, das Wort Gottes „mit allen Sinnen" aufzunehmen.

Einzelne dieser Elemente können miteinander verknüpft werden.

Stille

22. Sie ermöglicht es, dass das Wort der Heiligen Schrift in den Mitfeiernden nachklingen kann.

▨ Antwortelemente[8]

23. Das Wort Gottes an den Menschen verlangt nach einer Antwort:

Glaubensbekenntnis

24. Im Glaubensbekenntnis stimmt die ganze versammelte Gemeinde dem Wort Gottes, wie es in den Lesungen aus der Heiligen Schrift verkündet wurde, zu und gedenkt der großen Geheimnisse des Glaubens.

Predigtlied

25. Ein geeignetes Lied kann zur Zusammenfassung und Bekräftigung einer gemeinsamen Antwort auf das Wort Gottes ausgewählt werden.

Taufgedächtnis (Form A)

26. Im Taufgedächtnis erinnern sich die Gläubigen in Dankbarkeit daran, dass ihnen in der Taufe die Gemeinschaft mit Christus und der Kirche geschenkt worden ist (vgl. auch Nr. 43).

Schuldbekenntnis und Vergebungsbitte

27. Im gemeinsamen Schuldbekenntnis mit Vergebungsbitte erinnern sich alle ihrer Schuld, bezeugen ihre Bereitschaft zur Umkehr und bitten um Vergebung.

---

[8] Die Antwortelemente geben der Wort-Gottes-Feier (zusammen mit den Zeichenhandlungen) eine eigene Prägung und unterscheiden sie in besonderer Weise vom Wortgottesdienst der Messfeier. Entsprechend sorgfältig sollte ihre Gestaltung sein.

Segnungen

28. Segnungen, die zur Liturgie eines bestimmten Tages gehören[9] oder sich im religiösen Brauchtum erhalten haben (vgl. Benediktionale), sind Zeichenhandlungen der Kirche, in denen Gott gepriesen und sein Heil auf den Menschen herabgerufen wird. Im Segensgebet, das in der Regel nach der Wortverkündigung eingefügt wird, wird das Leben des Einzelnen und der menschlichen Gemeinschaft in seinen verschiedenen Phasen und Bereichen dankend und bittend vor Gott gebracht; das Gebet wird durch ein Segenszeichen bekräftigt.[10]

29. Für folgende Segnungen im Laufe des Kirchenjahres können Laien durch den Bischof beauftragt werden:[11]
– Segnung des Adventskranzes
– Kindersegnung zur Weihnachtszeit
– Segnung des Johannisweines
– Segnung und Aussendung der Sternsinger sowie Segnungen am Epiphaniefest,
– Blasiussegen
– Segnung und Austeilung der Asche
– Segnung der Zweige am Palmsonntag
– Speisensegnung an Ostern
– Wettersegen
– Feuersegnung am Johannisfest
– Kräutersegnung am Hochfest der Aufnahme Mariens in den Himmel
– Segnung der Erntegaben
– Segnung der Gräber an Allerheiligen/Allerseelen
– Kinder- und Lichtersegnung am Martinsfest
– Brotsegnung an bestimmten Heiligenfesten

Friedenszeichen

30. Um jenen Frieden, den der Herr den Seinen verheißen hat, bittet immer wieder neu die Kirche für sich selbst und die ganze Menschheitsfamilie. Die

---

[9] Vgl. Rituale Romanum ex decreto Sacrosancti Oecumenici Concilii Vaticani II instauratum auctoritate Ioannis Pauli II promulgatum. De Bendictionibus. Editio typica, Typis Polyglottis Vaticanis 1984, Nr. 28 f.
[10] Benediktionale. Studienausgabe für die katholischen Bistümer des deutschen Sprachgebietes, hrsg. von den Liturgischen Instituten Salzburg – Trier – Zürich, Freiburg u. a. (1978) 2002, Pastorale Einführung der Bischöfe Nr. 8.
[11] Vgl. Zum gemeinsamen Dienst berufen Nr. 54 a.

Gläubigen bezeugen sich die kirchliche Gemeinschaft und die gegenseitige Liebe, indem sie diesen Frieden im Zeichen einander weitergeben.

Kollekte

31. Mit der Kollekte bekundet die versammelte Gemeinde ihre (Mit-)Verantwortung u. a. für den karitativen Dienst der Kirche und die finanzielle Ausstattung der Pfarrei.

▥ *Gebete*

32. Im liturgischen Gebet betet die im Heiligen Geist versammelte Gemeinde im Namen und aus der Kraft Jesu Christi: Sie betet „durch Christus, ihren Herrn", der in ihr gegenwärtig ist.

Folgende Gebete können in der Wort-Gottes-Feier vorkommen:

Eröffnungsgebet

33. Das Eröffnungsgebet (Tagesgebet) schließt die Eröffnung der Feier ab. Der Leiter/Die Leiterin fasst im Eröffnungsgebet die persönlichen Gebete der Einzelnen zusammen und bringt darin die Eigenart und den Anlass der Feier zum Ausdruck.

Lobpreis und Hymnus

34. Die versammelte Gemeinde preist die Großtaten Gottes. Im Sonn-(Fest-)täglichen Lobpreis erinnert sie sich der Schöpfung durch den Vater und der Neuschöpfung in der Auferstehung seines Sohnes Jesus Christus.

Der Lobpreis mündet (außerhalb der Advents- und Fastenzeit) in den Gloria-Hymnus bzw. (innerhalb der Advents- und Fastenzeit) in den Hymnus „Dir gebührt unser Lob".

Fürbitten (Allgemeines Gebet)

35. Die Fürbitten sind das Allgemeine Gebet der Gemeinde. In den Fürbitten übt die Gemeinde ihr priesterliches Amt aus, das sie durch die Taufe empfangen

hat, und trägt Gott Bitten vor für das Heil aller. Die Fürbitten sind vor allem Bitten für andere und umfassen die aktuellen Anliegen von Kirche und Welt.

Vaterunser

36. Das Vaterunser, das Herrengebet, ist das Grundgebet der Christen. In diesem Gebet ehren die Versammelten Gott und bitten um das Kommen seines Reiches, um das, was sie zum Leben brauchen, und um die Befreiung von Schuld und Sünde

Gesang und Musik

37. Gesang und Musik sind Ausdruck von Freude und Leid. Sie sprechen den Menschen ganzheitlich an und verbinden die Einzelnen untereinander zur feiernden Gemeinschaft. Der Apostel Paulus mahnt die Gläubigen, in ihren Versammlungen Psalmen, Hymnen und geistliche Lieder zu singen (vgl. Kol 3,16). In der christlichen Liturgie sind Gesang und Musik „notwendiger und integrierender Bestandteil"[12] der Feier.

38. Wie bei der Messfeier unterscheidet man auch bei der Wort-Gottes-Feier zwischen Aktionsgesängen und Begleitgesängen.
- Der Aktionsgesang ist eine selbständige liturgische Handlung: Die Gemeinde übernimmt mit ihrem Gesang ein Element der Liturgie, z. B. Psalm, Predigtlied, Akklamationen zum Sonn-(Fest-)täglichen Lobpreis, Lob-/Danklied, ohne dass eine andere liturgische Handlung geschieht.
- Begleitgesänge und -musik haben dagegen keine derart selbständige liturgische Funktion, sie bereiten aber auf eine liturgische Handlung vor, können diese begleiten und lassen sie nachwirken, z. B. Halleluja, Lied zum Friedensgruß, Chor- oder Instrumentalmusik zur Kollekte.

39. Durch Gesang und Musik kann der Grad der Festlichkeit ausgedrückt werden. Bei der Auswahl der Gesänge und der Musik sind der Ablauf der Feier, die Funktion der einzelnen Elemente und die Zeit des Kirchenjahres zu berücksichtigen.

---

[12] SC 112.

▧ *Zeiten der Stille*

40. Wichtige Elemente jeder Wort-Gottes-Feier sind Zeiten der Stille (Heiliges Schweigen). In der Liturgie ist die Stille eine Form tätiger Teilnahme am gottesdienstlichen Geschehen.[13] Im Heiligen Schweigen können die Mitfeiernden sich innerlich sammeln, das Gehörte und Gesprochene in ihren Herzen nachklingen lassen und sich dem Wirken des Heiligen Geistes öffnen.

41. Der christliche Gottesdienst kennt verschiedene Formen der Stille:
– kurze Stille nach der Gebetseinladung, um zum persönlichen Beten anzuregen und die Aufmerksamkeit und die Sammlung zu fördern;
– Stille nach den Lesungen bzw. nach deren Deutung und Auslegung, nach dem Psalm und anderen Gesängen, um das Gehörte und Gesungene verinnerlichen zu können;
– kurze Stille nach den einzelnen Fürbitten, um die ausgesprochene Bitte sich zu eigen zu machen.
– [Stille Anbetung nach der Übertragung des Allerheiligsten und Zeit der Stille nach dem Kommunionempfang, um eins zu sein mit dem Herrn, der sich in der Kommunion geschenkt hat, und ihm zu danken.]

▧ *Zeichenhandlungen*

42. In jeder liturgischen Feier drängt die Begegnung der Gemeinde mit Gott nach äußeren Zeichen. Diese haben die Kraft, die Begegnung der Gemeinde mit Gott zu vertiefen. Darum kann es sinnvoll sein, die Wort-Gottes-Feier entsprechend dem Anlass, der Tageszeit und der Zeit im Kirchenjahr mit zeichenhaften Elementen zu verbinden, an denen sich die Versammelten beteiligen.

Solche Zeichenhandlungen können sein:

Taufgedächtnis (Form B)

43. Die Verbindung mit Christus und der Gemeinschaft der Kirche ist in der Taufe grundgelegt und wirkt sich im Leben aus. Besonders in der Osternacht und der Osterzeit, aber auch an den Sonntagen im Jahreskreis lädt die Kirche die Gläubigen ein, das Taufbekenntnis zu erneuern.

---

[13] Vgl. SC 30.

Lichtdanksagung (Luzernar)

44. Das feierliche Anzünden des Lichtes am Abend oder am Morgen symbolisiert die Überwindung des Dunkels in der Schöpfung und des Todes in der Auferstehung Jesu Christi. Die Wort-Gottes-Feier am Abend oder am frühen Morgen kann deshalb mit einem Luzernar (Lobpreis Gottes für das Licht, Lichtausteilen) eröffnet werden.

Weihrauchspende

45. Weihrauch ist Ausdruck festlicher Freude und feierlichen Gebetes, das zu Gott aufsteigt. Er ist auch Zeichen der Verehrung und Anbetung und kann ebenso Zeichen der Umkehr und der Reinigung sein. Bei der Wort-Gottes-Feier kann Weihrauch verwendet werden u.a. beim Sonn-(Fest-)täglichen Lobpreis, bei den Fürbitten, in Verbindung mit Psalm 141, bei einer Bußfeier.

Verehrung des Wortes Gottes

46. Jesus Christus „ist gegenwärtig in seinem Wort, da er selbst spricht, wenn die heiligen Schriften in der Kirche gelesen werden". (SC 7) Die Verehrung der Heiligen Schrift, die in verschiedenen Formen geschehen kann, gilt immer Jesus Christus.

Prozession

47. Prozessionen sind Zeichen des gemeinsamen Unterwegsseins der Christen als Volk Gottes zur Vollendung hin.

48. Prozessionen innerhalb einer Wort-Gottes-Feier dienen der dramaturgischen Entfaltung.
– Prozession zum Einzug: Alle, die einen besonderen liturgischen Dienst wahrnehmen, ziehen in die Kirche ein, während das Eröffnungslied gesungen wird.
– Evangelienprozession: Wer das Evangelium verkündet, trägt in einer feierlichen Prozession das Evangeliar zum Ambo.
– Prozession zum Auszug: Ähnlich wie beim Einzug ziehen die liturgischen Dienste aus der Kirche.
– Prozession zu einem Marienbild: An bestimmen Tagen kann am Schluss der Feier zu einer gemeinsamen Prozession zu einem Marienbild eingeladen wer-

den; währenddessen oder vor dem Marienbild wird ein zur Kirchenjahreszeit passendes Marienlied gesungen.

49. Prozessionen im Laufe des Kirchenjahres:
— Am Fest der Darstellung des Herrn (2. Februar), 40 Tage nach Weihnachten, gedenkt die Kirche des (ersten) Kommens Jesu in den Tempel und der Begegnung mit dem Gottesvolk des Alten Bundes, vertreten durch Simeon und Hanna. Im Gedenken daran versammeln sich die Gläubigen außerhalb der Kirche und ziehen mit brennenden Kerzen in die Kirche, in der anschließend die Wort-Gottes-Feier gehalten wird.
— Palmprozession (am Palmsonntag): Im Gedenken an den Einzug Jesu Christi in Jerusalem wird eine Prozession oder ein feierlicher Einzug gehalten. Die Gläubigen tragen Zweige in den Händen.

Wallfahrten

50. Seit alters her kennt auch das Christentum Wallfahrten zu bestimmen Gnadenstätten. Die Gemeinde erfährt sich als das pilgernde Gottesvolk. Sie versammelt sich an einem geeigneten Ort, beginnt dort die Wallfahrt mit einem kurzen Stationsgottesdienst und pilgert betend, singend und schweigend zum Wallfahrtsort. Auf dem Pilgerweg können auch noch weitere Stationsgottesdienste gehalten werden.

▇ *Die Wort-Gottes-Feier ohne oder mit Kommunionspendung*

51. Die Wort-Gottes-Feier hat in sich ihren eigenen theologischen Wert und bedarf nicht der hinzugefügten Kommunionspendung: Die Gläubigen versammeln sich, um das Wort Gottes zu hören und dem Herrn in seinem Wort wirklich zu begegnen. In der Heiligen Schrift werden Gottes große Taten verkündet, die in Tod und Auferstehung Jesu Christi ihren Höhepunkt erreichen.

Das Geheimnis von Tod und Auferstehung des Herrn wird in der Messe sakramental gefeiert. Im eucharistischen Brot bleibt Jesus Christus gegenwärtig. Durch den Empfang der Kommunion können die Gläubigen auch außerhalb der Messfeier daran Anteil erhalten.[14]

---

[14] Vgl. Kommunionspendung und Eucharistieverehrung außerhalb der Messfeier. Studienausgabe, hrsg. von den Liturgischen Instituten Salzburg – Trier – Zürich, Einsiedeln u.a. 1976, Nr. 28.

Wird aus schwerwiegenden pastoralen Gründen die Wort-Gottes-Feier mit einer Kommunionspendung verbunden, muss der Zusammenhang mit einer vorausgehenden Messfeier deutlich werden (vgl. Nr. 88).

Hinsichtlich der Kommunionspendung innerhalb einer Wort-Gottes-Feier sind die diözesanen Regelungen zu beachten.

Aufbau einer Wort-Gottes-Feier

52. Eine Wort-Gottes-Feier gliedert sich in der Regel in vier Teile:
– Eröffnung
– Verkündigung des Wortes Gottes
– Antwort der Gemeinde
– Abschluss

Eröffnung und Abschluss sind klar gekennzeichnet. Der Teil der Verkündigung des Wortes Gottes und der Antwort der Gemeinde können je nach Art der Feier auch in unterschiedlicher Weise miteinander verknüpft werden.

Erster Teil: Eröffnung

53. Aufgabe der Eröffnung ist es, dass die versammelten Gläubigen eine Gemeinschaft bilden und befähigt werden, in rechter Weise das Wort Gottes zu hören. Die Eröffnung beinhaltet:
– Versammlung der Gemeinde
– Einzug der liturgischen Dienste und Gesang zur Eröffnung
– Kreuzzeichen – Liturgischer Gruß – Einführung in die Feier
– gegebenenfalls Christusrufe
– Eröffnungsgebet

Versammlung der Gemeinde

54. Der Gottesdienst beginnt mit der Versammlung der Gemeinde. Orgel- oder andere Instrumentalmusik kann zur inneren Vorbereitung und Einstimmung gespielt werden.

Einzug der liturgischen Dienste und Gesang zur Eröffnung

55. Zum Einzug wird ein zur Eröffnung und zum Anlass (z. B. Fest, Zeit im Kirchenjahr) geeignetes Lied gesungen.

Für den Einzug gilt folgende Ordnung:
– Ministranten und Ministrantinnen (mit Weihrauch, Kreuz und Leuchtern)
– die übrigen liturgischen Dienste
– Lektor/Lektorin mit Mess-Lektionar bzw. Evangeliar
– Leiter/Leiterin

56. Im Altarraum angekommen, machen alle (ausgenommen Kreuz- und Leuchterträger und Lektor/Lektorin mit dem Mess-Lektionar oder Evangeliar) eine Verneigung vor dem Altar oder – wenn sich der Tabernakel im Altarraum befindet – eine Kniebeuge und begeben sich zu ihren Plätzen.

57. Das Mess-Lektionar (die Bibel) bzw. das Evangeliar wird mitgetragen und deutlich sichtbar auf den Altar gestellt oder auf die der Gemeinde zugewandten Seite des Ambo bzw. auf ein eigenes Pult gelegt. Die Leuchter können links und rechts neben das Buch gestellt werden.

Kreuzzeichen – Liturgischer Gruß – Einführung

58. Wie jede liturgische Feier wird auch die Wort-Gottes-Feier mit dem gemeinsamen Kreuzzeichen und dem Liturgischen Gruß eröffnet.
   Wenn alle ihre Plätze eingenommen haben und das Lied zur Eröffnung beendet ist, wendet sich der Leiter/die Leiterin zur Gemeinde und beginnt die Feier mit dem Kreuzzeichen: „Im Namen des Vaters …" Alle bekreuzigen sich.
– Es folgt der Liturgische Gruß: Der Leiter/Die Leiterin begrüßt mit einem der folgenden Worte:
   „Der Namen des Herrn sei gepriesen." – Gemeinde: „Von nun an bis in Ewigkeit."
   Oder:
   „Unsere Hilfe ist im Namen des Herrn." – Gemeinde: „Der Himmel und Erde erschaffen hat."
   Oder:
   „Der Herr ist in unserer Mitte." – Gemeinde: „Er ist wirklich unter uns."
   oder mit einem anderen geeigneten Eröffnungswort.
– Mit wenigen Worten wird in die Feier eingeführt.

Christusrufe (Kyrie-Litanei)

59. Wenn im Eröffnungsgesang der Kyrieruf nicht enthalten war, können sich nun Christusrufe – auch in der Form einer eigenen Kyrie-Litanei – anschließen, die als Huldigungsruf an Jesus Christus in der gewohnten Weise durch Kantor/Kantorin bzw. Sängerchor und Gemeinde gesungen werden.

Eröffnungsgebet

60. Es folgt das vorgesehene Eröffnungsgebet oder ein anderes geeignetes Gebet (vgl. Auswahlelemente, S. 76–168), das in gewohnter Weise vorgetragen wird:
– Leiter/Leiterin lädt die Gemeinde zum Gebet ein: „Lasset uns beten";
– in einer kurzen gemeinsamen Stille können sich alle zum Gebet sammeln;
– Leiter/Leiterin singt oder spricht das Gebet;
– die Gemeinde macht sich das Gebet zu eigen und antwortet mit „Amen".

◾ *Zweiter Teil: Verkündigung des Wortes Gottes*

61. Die Verkündigung des Wortes Gottes besteht aus:
– Vorlesen und Hören des Wortes Gottes aus der Heiligen Schrift:
  Lesung(en), Psalm, Ruf vor dem Evangelium, Evangelium.
  Durch kurze Hinweise kann in die Lesungen eingeführt werden. Dies sollte jedoch nicht durch den Lektor/die Lektorin vom Ambo aus geschehen.
– gegebenenfalls Auslegung und Deutung in unterschiedlichen Formen.

Erste Lesung

62. Der Lektor/Die Lektorin (holt das Mess-Lektionar vom Altar bzw. dem Platz, wo es sich befindet und) geht zum Ambo, von dem aus die Lesung verkündet wird.

Ist im Zusammenhang mit der Verkündigung des Evangeliums keine Evangelienprozession vorgesehen, so können die Leuchter mit den brennenden Kerzen links und rechts neben den Ambo gestellt werden. Zur Verkündigung des Evangeliums werden sie dann von Ministranten/Ministrantinnen gehalten.

Wo es auch sonst üblich ist, kann nach der Lesung – nach einer deutlichen Zäsur – der Ruf an die Gemeinde „Wort des lebendigen Gottes" angefügt werden. Nach der Lesung folgt eine kurze Stille.

Psalm

63. Der Kantor/Die Kantorin bzw. die Schola singt die Antiphon (den Kehrvers) vor; die Gemeinde antwortet mit der Antiphon. Der Psalm wird in gewohnter Weise vorgetragen.

Zweite Lesung

64. Die Zweite Lesung wird ebenfalls durch einen Lektor/eine Lektorin vom Ambo aus verkündet. Nach der Lesung wird wieder eine kurze Stille gehalten.

Wenn für die Verkündigung des Evangeliums ein Evangeliar verwendet wird, wird das Mess-Lektionar zum Kredenztisch gebracht.

Ruf vor dem Evangelium

65. Der Ruf vor dem Evangelium besteht aus: Halleluja – Vers – Halleluja; in der Fastenzeit: Christusruf – Vers – Christusruf. Der Kantor/Die Kantorin singt das Halleluja bzw. den Christusruf vor. Die Gemeinde wiederholt das Halleluja bzw. den Christusruf. Nach dem Vers wird das Halleluja bzw. der Christusruf von allen wiederholt.

Der Ruf vor dem Evangelium ist der Begleitgesang zur Evangelienprozession.

Wenn ein Evangeliar verwendet wird, geht der Verkünder/die Verkünderin des Evangeliums mit weiteren liturgischen Diensten in Prozession (Ministrant/Ministrantin mit dem Rauchfass, die übrigen Ministranten und Ministrantinnen, Verkünder/Verkünderin des Evangeliums) zum Altar bzw. zu dem Ort, wo sich das Evangeliar befindet. Alle verneigen sich. Die Ministranten/Ministrantinnen nehmen die bereitgestellten Leuchter, der Verkünder/die Verkünderin holt das Buch und trägt es gut sichtbar. Alle ziehen in Prozession zum Ambo.

Wenn zum Evangelium das Mess-Lektionar, das bereits am Ambo liegt, verwendet wird, gehen alle in Prozession zum Ambo.

Evangelium

66. Die Ministranten/Ministrantinnen, die die Leuchter tragen, stehen links und rechts neben dem Ambo. Die übrigen Ministranten und Ministrantinnen schließen sich an. Leitet ein Diakon die Feier, so trägt er selbst in der für ihn vorgesehenen Weise das Evangelium vor.

Der Lektor/Die Lektorin leitet die Verkündigung des Evangeliums ein: „Aus dem heiligen Evangelium nach Matthäus (Markus, Lukas, Johannes)". Die Gemeinde antwortet: „Ehre sei dir, o Herr." Der Lektor/Die Lektorin bezeichnet das Buch und sich selbst (auf Stirn, Mund und Brust) mit dem Kreuz (– beräuchert das Buch –) und verkündet das Evangelium.

Nach der Verkündigung des Evangeliums wird das Buch emporgehoben. Wo es üblich ist, kann der Zuruf folgen: „Evangelium unseres Herrn Jesus Christus." Die Gemeinde antwortet: „Lob sei dir, Christus." An die Stelle des Zurufes kann auch die Wiederholung des Halleluja-Rufes bzw. des Christusrufes treten. Ein weiteres Zeichen der Verehrung des Wortes Gottes kann das Küssen des Buches sein.

Das Evangeliar bzw. Mess-Lektionar bleibt offen auf dem Ambo liegen oder wird an einen anderen dafür vorgesehenen Platz gebracht; die Leuchter werden daneben gestellt.

Auslegung und Deutung

67. Auslegung und Deutung des Wortes Gottes geschehen in einer der in Nr. 21 beschriebenen Formen. Wird eine der nachfolgenden Zeichenhandlungen gewählt, ist es angebracht, bereits in der Auslegung und Deutung darauf hinzuführen.

▪ *Dritter Teil: Antwort der Gemeinde*

68. Aus den in Nr. 24–29 aufgeführten Antwortelementen kann ausgewählt werden. An Sonn- und Festtagen sollen immer auch das Friedenszeichen und die Kollekte ihren Platz haben.

Im Folgenden sind einige Anmerkungen zu einzelnen Antwortelementen aufgeführt:

Glaubensbekenntnis

69. Das Glaubensbekenntnis gehört zur Liturgie an Sonn- und Festtagen. In der Regel wird das Große Glaubensbekenntnis oder das Apostolische Glaubensbekenntnis gesprochen oder gesungen.

Taufgedächtnis

70. Für das Taufgedächtnis empfehlen sich besonders die Sonntage der Osterzeit sowie Sonntage, an denen das Taufmotiv eine besondere Rolle spielt (vgl. hierzu S. 186 ff.).

Schuldbekenntnis und Vergebungsbitte

71. Für Schuldbekenntnis und Vergebungsbitte eignen sich vor allem die Österliche Bußzeit sowie Anlässe und Tage, die zur Umkehr und Versöhnung einladen. Auch bestimmte Schriftlesungen können auf das Schuldbekenntnis hinführen (vgl. S. 53 ff.).

Segnungen

72. Mit bischöflicher Beauftragung können Laien eine Vielzahl von Segnungen nach der Vorlage des Benediktionale in der entsprechenden Form vollziehen (vgl. Nr. 29).[15]

Friedenszeichen

73. Dieses Zeichen kann auf verschiedene Weise vollzogen werden (Reichen der Hand, Umarmung, einfache Zuwendung, Verneigung). Währenddessen kann ein Friedenslied gesungen werden.

Kollekte

74. Auf die Verwendung der Kollekte kann vor Beginn der Sammlung in geeigneter Weise hingewiesen werden. Die Körbe mit der Kollekte werden zur Kredenz oder an einen anderen geeigneten Ort im Altarraum gebracht, jedoch nicht zum Altar selbst, da die Kollekte bei der Wort-Gottes-Feier nicht Teil der Gabenbereitung einer Eucharistiefeier ist. Während der Kollekte wird ein der Kirchenjahreszeit oder der Thematik der Lesungen entsprechendes Lied gesungen. Auch Chor- und Instrumentalmusik bieten sich an.

---

[15] Vgl. Zum gemeinsamem Dienst berufen Nr. 65.

Lobpreis und Hymnus

75. An Sonn- und Festtagen soll aus der vorliegenden Sammlung jener Text ausgewählt werden, der sich für den betreffenden Sonntag am besten eignet (vgl. S. 172 ff.). Der Lobpreis wird in der jeweils angegebenen Form vorgetragen und schließt mit dem Gloria-Hymnus (außerhalb der Advents- und Fastenzeit) bzw. mit dem Hymnus „Dir gebührt unser Lob" (innerhalb der Advents- und Fastenzeit).

Fürbitten

76. Der Leiter/Die Leiterin lädt zum Fürbittgebet ein und beschließt es (mit der Überleitung zum Vaterunser). Ein Vorbeter/Eine Vorbeterin bzw. andere Gemeindeglieder tragen die einzelnen Bitten vor, auf die die Gemeinde nach einer kurzen Stille mit einem – nach Möglichkeit – gesungenen Ruf antwortet. Im Anschluss an die gemeinsamen Bitten soll eine ausreichende Zeit der Stille gehalten werden, damit auch in eigenen persönlichen Anliegen gebetet werden kann.

Bei besonderen Anlässen können zu den einzelnen Bitten Weihrauchkörner in ein vor dem Altar aufgestelltes Weihrauchgefäß eingelegt werden, oder es kann jeweils eine Kerze auf einen mehrarmigen Leuchter oder (nach ostkirchlichem Brauch) in eine Schale mit Sand gesteckt werden (vgl. S. 197 ff.).

77. [Gegebenenfalls Austeilung und Empfang der Kommunion (vgl. Nr. 86–99; vgl. auch S. 65 ff.).]

Vaterunser

78. Der Leiter/Die Leiterin lädt zum gemeinsamen Beten des Vaterunsers ein.

Loblied/Danklied

79. Die Gemeinde dankt im Lied für die Gegenwart des Herrn in der Versammlung und in seinem Wort. Es kann auch die Thematik der Schrifttexte oder des Kirchenjahres nochmals aufgegriffen werden.

■ *Vierter Teil: Abschluss*

80. Den Abschluss der Feier bilden:
- Mitteilungen
- Segensbitte
- Entlassung
- Lied
- Auszug der liturgischen Dienste

Mitteilungen

81. Sind Mitteilungen vorgesehen, so werden sie an dieser Stelle gesprochen.

Segensbitte

82. Der Leiter/Die Leiterin bittet für die Gemeinde und für sich selbst um den Segen Gottes. Beim Sprechen der Segensbitte bezeichnet er/sie sich selbst mit dem Kreuzzeichen, wie es alle Mitfeiernden tun.[16]

Entlassung

83. Der Leiter/Die Leiterin entlässt die versammelte Gemeinde mit dem folgenden oder einem anderen geeigneten Ruf: „Singet Lob und Preis." – Gemeinde: „Dank sei Gott dem Herrn."

Lied

84. Anschließend kann ein Lied gesungen werden. Zu besonderen Zeiten und Anlässen kann auch zum gemeinsamen Gang zu einem Marienbild eingeladen werden, um dort ein Marienlied zu singen.

Auszug der liturgischen Dienste

85. Der Leiter/Die Leiterin und alle liturgischen Dienste machen gemeinsam eine Verneigung vor dem Altar oder – wenn sich der Tabernakel im Altarraum befindet – eine Kniebeuge. Der Auszug erfolgt in derselben Ordnung wie der Einzug (vgl. Nr. 55) und wird in der Regel von Chor- oder Instrumentalmusik begleitet.

---

[16] Vgl. ebd. Nr. 64.

Austeilung und Empfang der Kommunion

86. Für die Austeilung der Kommunion sind vorzubereiten:
- Korporale (am Kredenztisch)
- Leuchter mit brennenden Kerzen (beim Tabernakel)
- gegebenenfalls Weihrauch
- benötigte Anzahl von Kommunionschalen (am Kredenztisch).

87. Die Feier des Wortes Gottes folgt bis einschließlich der Fürbitten (Nr. 76) der oben vorgesehenen Ordnung. Die Austeilung der Kommunion richtet sich nach dem Rituale-Faszikel „Kommunionspendung und Eucharistieverehrung außerhalb der Messe" und besteht aus folgenden Elementen:
- Hinweis auf die eucharistische Gemeinschaft
- Bereitung des Altares
- Übertragung des Allerheiligsten
- Stille Anbetung
- Vaterunser
- Einladung zur Kommunion
- Kommunion
- Stille – Danklied
- Schlussgebet
- Segensbitte

Hinweis auf die eucharistische Gemeinschaft

88. Der Leiter/Die Leiterin erinnert an jene Eucharistiefeier, in der auch diese Hostien, die nun bei dieser Feier empfangen werden, konsekriert worden sind. Damit wird verwiesen auf die Tischgemeinschaft mit der vorausgehenden Messfeier.

Bereitung des Altares

89. Ein Ministrant/Eine Ministrantin holt das Korporale (vom Kredenztisch) und breitet es auf dem Altar aus.

Übertragung des Allerheiligsten

90. Zur Übertragung des Allerheiligsten wird ein Christus- bzw. ein Sakramentslied gesungen.

Der Leiter/Die Leiterin (oder ein Kommunionhelfer/eine Kommunionhelferin) geht mit zwei Ministrantinnen/Ministranten (und gegebenenfalls mit dem Weihrauchträger) zum Tabernakel und holt die Schale mit den konsekrierten Hostien. Dabei gilt folgende Prozessionsordnung: Weihrauchträger, Ministranten bzw. Ministrantinnen, Leiter/Leiterin.

Vor dem Tabernakel stellen sie sich in einer Reihe auf (von außen zur Mitte: Ministranten bzw. Ministrantinnen, Weihrauchträger und Leiter/Leiterin).

Der Leiter/Die Leiterin geht zum Tabernakel und öffnet ihn. Alle machen eine Kniebeuge. Der Leiter/Die Leiterin nimmt die Schale aus dem Tabernakel. Die Gemeinde kniet.

Zur Übertragung der Schale mit den konsekrierten Hostien nehmen die Ministranten bzw. Ministrantinnen die beim Tabernakel bereitgestellten Leuchter. Die Prozession zum Altar erfolgt in geänderter Ordnung: Ministranten bzw. Ministrantinnen mit den brennenden Kerzen, (Weihrauchträger) und der Leiter/die Leiterin mit der Schale.

Der Leiter/Die Leiterin steht vor dem Altar und stellt die Schale auf dem Korporale nieder; die Leuchter werden an den Seiten des Altares abgestellt.

Wenn Weihrauch verwendet wird, wird die Schale mit den konsekrierten Hostien inzensiert.

Stille Anbetung

91. Nach der Übertragung lädt der Leiter/die Leiterin zur stillen Anbetung ein und kniet zusammen mit den anderen liturgischen Diensten vor dem Altar nieder.

Vaterunser

92. Alle erheben sich. Der Leiter/Die Leiterin lädt mit geeigneten Worten zum Gebet des Herrn ein.

Einladung zur Kommunion

93. Gegebenenfalls werden die leeren Schalen zum Altar gebracht. Die konsekrierten Hostien werden in die einzelnen Schalen verteilt.

Der Leiter/Die Leiterin nimmt eine Hostie, hält diese über die Schale, zeigt sie der Gemeinde und lädt zum Kommunionempfang ein:

„Seht das Lamm Gottes …" – Gemeinde: „Herr, ich bin nicht würdig …"

Kommunion

94. Dann teilt der Leiter/die Leiterin die Kommunion an die anderen Kommunionhelfer/ Kommunionhelferinnen aus und empfängt selbst die Kommunion.

An die Gemeinde wird die Kommunion in der gewohnten Weise ausgeteilt.

Die Kommunionausteilung wird in der Regel begleitet durch geeignete Chor- oder Instrumentalmusik oder entsprechende Wechselgesänge.

95. Die Schale(n) mit den nach der Kommunionausteilung verbliebenen Hostien wird (werden) von einem Kommunionhelfer/einer Kommunionhelferin – begleitet von zwei Ministranten/Ministrantinnen mit brennenden Kerzen – in den Tabernakel zurückgestellt. Die Leuchter mit den brennenden Kerzen verbleiben wieder beim Tabernakel.

96. Die leere(n) Hostienschale(n) wird (werden) zur Kredenz gebracht und (nach der Feier) gereinigt, das Korporale wird gefaltet und vom Altar zur Kredenz zurückgebracht.

Stille – Danklied

97. Zur Danksagung wird eine Stille gehalten und gegebenenfalls ein geeignetes Danklied gesungen.

Schlussgebet

98. Der Kommunionteil wird mit einem Gebet abgeschlossen (vgl. S. 67).

99. Es folgt der Abschluss wie Nr. 80–85.

B) Die Wort-Gottes-Feier
an Sonn- und Festtagen

Eröffnung

    Einzug – Gesang zur Eröffnung

    Kreuzzeichen – Liturgischer Gruß – Einführung

    Christusrufe (Kyrie-Litanei)

    Eröffnungsgebet

Verkündigung des Wortes Gottes

    Erste Lesung

    Psalm (Gesang)

    Zweite Lesung

    Ruf vor dem Evangelium

    Evangelium

    Auslegung und Deutung

    Stille

Antwort der Gemeinde

    A) Glaubensbekenntnis

    B) Predigtlied

    C) Taufgedächtnis (Form A)

    D) Schuldbekenntnis und Vergebungsbitte

    E) Segnungen, die zum Sonn-(Fest-)Tag gehören

    Friedenszeichen

    Kollekte

    Lobpreis und Bitte

        Sonn-(Fest-)täglicher Lobpreis

        Hymnus

        Fürbitten (Allgemeines Gebet)*

        Vaterunser

        Loblied/Danklied

---

* Falls die Kommunion ausgeteilt wird, so geschieht dies nach der auf S. 65–67 angegebenen Ordnung.

Abschluss
   Mitteilungen
   Segensbitte
   Entlassung
   (Abendlied, Morgenlied, Marienlied)

Auszug

Feier

Eröffnung

Einzug – Gesang zur Eröffnung

Vor Beginn des Einzugs kann zur Einstimmung Orgel- oder andere Instrumentalmusik gespielt werden. Beim Einzug kann von einem Lektor/einer Lektorin das Mess-Lektionar bzw. Evangeliar mitgetragen werden. Falls das Taufgedächtnis gefeiert wird, können Ministranten/Ministrantinnen auch ein Gefäß mit Wasser mittragen. Während des Einzugs wird der Gesang zur Eröffnung gesungen.

Kreuzzeichen – Liturgischer Gruß – Einführung

Am Sitz wendet sich der Leiter/die Leiterin zur Gemeinde und spricht:

L: **Im Namen des Vaters und des Sohnes und des Heiligen Geistes. Amen.**

Alle machen das Kreuzzeichen.

Diakon: **Gnade und Friede von Gott, unserem Vater,
und dem Herrn Jesus Christus sei mit euch.**
A: **Und mit deinem Geiste.**

Oder ein anderer im Messbuch vorgesehener Text.

L: **Der auferstandene Herr Jesus Christus ist bei uns heute
und alle Tage bis in Ewigkeit.**
A: **Amen.**

Oder:

L: **Jesus Christus ist in unserer Mitte und schenkt uns seinen Frieden.**
A: **Amen.**

Oder:

L: **Der Name des Herrn sei gepriesen.**
A: **Von nun an bis in Ewigkeit.**

Oder:

L: **Unsere Hilfe ist im Namen des Herrn.**
A: **Der Himmel und Erde erschaffen hat.**

Oder ein anderes geeignetes Eröffnungswort.

Der Leiter/Die Leiterin oder jemand anderes führt nun mit folgenden oder ähnlichen Worten in die sonn-(fest-)tägliche Feier ein.

L: **Am ersten Tag der Woche, dem Sonntag, versammeln sich Christen, um Gott für Tod und Auferstehung Jesu Christi zu preisen. Auch wenn wir an diesem Sonntag nicht Eucharistie feiern können, gedenken wir beim Hören des Wortes Gottes der großen Taten, die Gott an uns Menschen getan hat und heute noch an uns tut. Ihm danken wir für die Hoffnung, die er uns im Tod und in der Auferstehung seines Sohnes geschenkt hat.**

Oder:

L: **Nach einer Woche, die wir unterschiedlich erlebt haben, lädt Christus uns ein, zu ihm zu kommen. Ihm halten wir unser Leben hin mit allem, was es gerade ausmacht: was uns erfreut, aber auch unsere Sorgen und unsere Schuld. Danken wir ihm für das, was gelungen ist, bitten wir ihn um Kraft für das, was uns aufgegeben ist.**

Oder:

L: **Gottes heilende und befreiende Liebe ist uns in den Worten und Taten Jesu Christi sichtbar geworden. Wir haben uns versammelt, um sein befreiendes Wort zu hören und seine heilsame Nähe zu erfahren.**

Oder:

L: **Die Heilige Schrift ist für Christen kein totes Wort. Wir glauben, dass der Herr in seinem Wort in der Gemeinde fortlebt und seine Kirche aufbaut. Christus selbst spricht zu uns und erklärt uns die Schrift, um uns Freiheit und Erlösung zu schenken. Ihm huldigen wir.**

Oder:

L: Ganz verschiedene Menschen haben sich zu unserem Gottesdienst versammelt: Frauen und Männer, Alte und Junge, Menschen mit unterschiedlichen Ansichten, Meinungen und Lebenserfahrungen. Uns alle verbindet: Gott hat uns als seine Gemeinde hier zusammengerufen. Er beschenkt uns mit seinem Wort. Er stärkt uns im Glauben und in der Gemeinschaft. Er gibt uns von seinem Geist. Er ermutigt uns zum Christsein im Alltag.

Oder:

L: Es kann unterschiedliche Gründe dafür geben, dass wir jetzt hier sind. Doch gemeinsam ist unsere Zuversicht: Wir werden in dieser Feier beschenkt. Wir dürfen sehen und erfahren, dass wir als Glaubende nicht allein sind. Es wird uns Gottes Wort verkündet, wir hören, was Gott durch Christus getan hat und bis heute unter uns tut. Christus grüßen wir jetzt mit dem Ruf, mit dem ihn seit 2000 Jahren Christen begrüßen:

Christusrufe (Kyrie-Litanei)

Nun können sich Anrufungen an Christus anschließen, die in derRegel gesungen werden.

VB:	Herr Jesus Christus, du bist das lebendige Wort Gottes.		
K:	Herr, erbarme dich.	*oder:*	Kyrie eleison.
A:	Herr, erbarme dich.	*oder:*	Kyrie eleison.
VB:	Dein Wort ist das Licht auf unseren Wegen.		
K:	Christus, erbarme dich.	*oder:*	Christe eleison.
A:	Christus, erbarme dich.	*oder:*	Christe eleison.
VB:	Du hast Worte des ewigen Lebens.		
K:	Herr, erbarme dich.	*oder:*	Kyrie eleison.
A:	Herr, erbarme dich.	*oder:*	Kyrie eleison.

Oder:

K Herr Je - sus, Sohn des leben - <u>di</u> - gen Got - tes:
K Du Mitt - ler des   <u>Neu</u> - en Bun - des:

A Ky - ri - e   e - le - i - son.

K Herr Chri -stus, du hast für uns getragen <u>Kreuz</u> und Lei - den:
K Du bist für uns auferstanden   <u>von</u> den To - ten:

A Chri - ste   e - le - i - son.

K Herr Je - sus, du Herr   <u>dei</u> - ner Kir - che:
K Du Hoff - nung der   <u>gan</u> - zen Er - de:

A Ky - ri - e   e - le - i - son.

T und M: Singende Gemeinde 1963 © Verlag Singende Gemeinde, Wuppertal

Oder:

Es können auch andere Kyrie-Rufe aus dem Gotteslob oder aus den Auswahlelementen, S. 71 ff. gesungen werden.

■ *Eröffnungsgebet*

Der Leiter/Die Leiterin lädt zum Gebet ein.

L: Lasset uns beten.

Nach einer kurzen Stille trägt der Leiter/die Leiterin das Eröffnungsgebet vor.

Es wird das Eröffnungsgebet vom betreffenden Sonntag (Festtag) genommen. Siehe Auswahlelemente, S. 76 ff.

Verkündigung des Wortes Gottes

■ *Erste Lesung*

An Sonn- und Festtagen sind vor dem Evangelium zwei Lesungen vorgesehen.

Die Gemeinde kann durch kurze Hinweise in die Lesungen eingeführt werden (vgl. PEML 42).

Der Lektor/Die Lektorin (holt gegebenenfalls das Mess-Lektionar,) geht zum Ambo und trägt die erste Lesung vor.

Nach der Lesung soll eine kurze Stille gehalten werden.

■ *Psalm (Gesang)*

Der Kantor/Die Kantorin trägt den vorgesehenen Antwortpsalm oder einen anderen passenden Psalm vom Ambo aus vor. Die Gemeinde antwortet mit der Antiphon (dem Kehrvers).

■ *Zweite Lesung*

Es folgt die zweite Lesung.

Falls eine Evangelienprozession vorgesehen ist, wird das Mess-Lektionar nach der Lesung zum Kredenztisch gebracht.

◼ *Ruf vor dem Evangelium*

Wer das Evangelium verkündet, (holt das Evangeliar vom Altar bzw. dem Platz, wo es sich befindet, und) geht zusammen mit den Ministranten/Ministrantinnen, die brennende Kerzen und gegebenenfalls Weihrauch tragen, in Prozession zum Ambo. Die Gemeinde erhebt sich.

Während der Prozession wird das Halleluja oder der in der Fastenzeit vorgesehene Christusruf gesungen.

◼ *Evangelium*

Am Ambo trägt der Diakon, ein Lektor/eine Lektorin oder der Leiter/die Leiterin das Evangelium vor.

(D: **Der Herr sei mit euch.**
A: **Und mit deinem Geiste.**)
D/L: **Aus dem heiligen Evangelium nach** N.
A: **Ehre sei dir, o Herr.**

Wird Weihrauch verwendet, so wird nun das Buch beräuchert; dann wird das Evangelium verkündet.

Wo nach dem Evangelium ein Zuruf der Gemeinde üblich ist, wird angefügt:

D/L: **Evangelium unseres Herrn Jesus Christus.**
A: **Lob sei dir, Christus.**

Als Zuruf nach dem Evangelium kann auch das Halleluja bzw. in der Fastenzeit der Christusruf wiederholt und in feierlicher Mehrstimmigkeit abgeschlossen werden.

◼ *Auslegung und Deutung*

Es folgen die Auslegung und Deutung der Schriftlesungen (vgl. S. 25, Nr. 21).

◼ *Stille*

Antwort der Gemeinde

Als Antwort der Gemeinde auf die Verkündigung des Wortes Gottes eignet sich eine sinn-
volle Auswahl aus den folgenden Elementen (vgl. S. 26 f., Nr. 23–29):
– Glaubensbekenntnis
– Predigtlied
– Taufgedächtnis
– Schuldbekenntnis und Vergebungsbitte
– Segnungen, die zum Sonn-(Fest-)tag gehören

▨ A) Glaubensbekenntnis

Das Apostolische oder das Große Glaubensbekenntnis wird von dem Leiter/der Leiterin
zusammen mit der ganzen Gemeinde gesprochen oder gesungen.

L: **Wir sprechen das Apostolische** (oder: **Große**) **Glaubensbekenntnis.**
A: **Ich glaube an Gott** … (GL 2,5)

Oder:

Wir glauben an den einen Gott … (GL 356)

↗ Friedenszeichen

▨ B) Predigtlied

Schriftlesung, Auslegung und Deutung können im Predigtlied nachklingen und vertieft
werden.

↗ Friedenszeichen

▨ C) Taufgedächtnis (Form A)

Der Leiter/Die Leiterin geht zum Taufbrunnen, oder es wird ein geeignetes Gefäß mit Wasser
gebracht.

Der Leiter/Die Leiterin lädt mit folgenden oder ähnlichen Worten zum Taufgedächtnis ein:

L: **Das Wasser erinnert uns daran: Wir alle sind in der Taufe von Gott erwählt, sein heiliges Volk zu sein, wir alle haben teil am Priestertum seines
Sohnes und sind berufen, seine großen Taten zu verkünden.**

Lasset uns beten.

Gott, du Quelle des Lebens.
Du schenkst uns dein Heil in sichtbaren Zeichen.
So sei uns dieses Wasser ein Zeichen für das neue Leben,
    das du in der Taufe in uns gewirkt hast.
Erneuere in uns die Gaben deines Geistes.
Darum bitten wir durch Christus, unseren Herrn.
A: **Amen.**

Nach dem Gebet wird das Wasser ausgeteilt. Zur Austeilung des Wassers kann die Gemeinde singen. Die Austeilung kann auf verschiedene Weise geschehen:
— Das Wasser wird über die Gläubigen ausgesprengt.
— Das Wasser wird den Gläubigen gereicht; die Gläubigen bekreuzigen sich.
— In einer Prozession gehen die Mitfeiernden zum Taufort, nehmen vom Wasser im Taufbrunnen und bekreuzigen sich damit. Der Leiter/Die Leiterin kann auch den Einzelnen mit dem Wasser ein Kreuz auf die Stirn zeichnen.

↗ Friedenszeichen

▨ D) Schuldbekenntnis und Vergebungsbitte

Der Leiter/Die Leiterin lädt die Gemeinde mit folgenden oder ähnlichen Worten zum Schuldbekenntnis ein. In der Einleitung kann auch ein Wort aus dem Evangelium aufgegriffen werden.

L: **Schwestern und Brüder,**
das Wort Gottes hat unser Gewissen erleuchtet.
Es ist wirksam,
es vermag die Gedanken des Herzens zu richten.
Alles liegt offen vor den Augen Gottes.
Besinnen wir uns auf unser Versagen
und bekennen wir unsere Schuld.

(Stille)

Nach einer kurzen Stille sprechen alle gemeinsam das Schuldbekenntnis.

A: **Ich bekenne Gott, dem Allmächtigen,**
und allen Brüdern und Schwestern,
dass ich Gutes unterlassen
und Böses getan habe
– ich habe gesündigt
in Gedanken, Worten und Werken -

alle schlagen an die Brust

durch meine Schuld, durch meine Schuld,
durch meine große Schuld.

Darum bitte ich die selige Jungfrau Maria,
alle Engel und Heiligen
und euch, Brüder und Schwestern,
für mich zu beten bei Gott, unserem Herrn.

Oder:

L: **Wir haben Gottes Wort gehört.**
Es ist für uns Rettung und Heil.
Vor Gott und unseren Schwestern und Brüdern
wollen wir bekennen, dass wir gesündigt haben.

(Stille)

A: **Ich bekenne …**

Oder:

L: **Das Wort Gottes hat unser Gewissen erleuchtet;**
es lädt uns ein, umzukehren zum Herrn.
Es drängt uns, ihm zu bekennen:

(Stille)

A: **Ich bekenne …**

Oder:

L: **Gott hat uns im Wort der Schrift seinen Willen kundgetan.**
Vor diesem Wort prüfen wir uns
und bitten den Herrn um Vergebung unserer Schuld.

(Stille)

A: **Ich bekenne ...**

Oder:

L: **Jesus Christus ist nicht gekommen, um zu richten,**
sondern zu suchen, was verloren ist,
und zu befreien, was in Schuld und Angst gefangen liegt,
um uns zu retten, wenn unser Herz uns anklagt.
So wollen wir vertrauensvoll vor Gott
und voreinander bekennen,
dass wir gesündigt haben.

Oder:

L: **Schwestern und Brüder,**
das Wort Gottes hat uns gestärkt und ermutigt.
Er lässt uns aber auch unser Versagen
und unsere Schuld erkennen.
Im Vertrauen auf die Güte des Herrn rufen wir:
L: **Erbarme dich, Herr, unser Gott. erbarme dich.**

A: **Denn wir haben vor dir gesündigt.**

L: **Erweise uns, Herr, deine Huld.**

A: **Und schenke uns dein Heil.**

Oder: Psalm 130 (GL 191).

L: **Der allmächtige Gott erbarme sich unser.**
Er lasse uns die Sünden nach
und führe uns zum ewigen Leben.
A: **Amen.**

↗ Friedenszeichen

▨ E) Segnungen, die zum Sonn-(Fest-)tag gehören

Anrufungen und Segensgebet werden aus der jeweiligen Ordnung des Benediktionale für die katholischen Bistümer des deutschen Sprachgebietes übernommen. Gegebenenfalls können auch Weihwasser und Weihrauch verwendet werden. Bei der Segnung von Personen kann diesen ein Kreuz auf die Stirn gezeichnet werden.

▨ Friedenszeichen

Der Leiter/Die Leiterin lädt zum Friedensgruß mit folgenden oder ähnlichen Worten ein:

> L: **Jesus Christus ist unser Friede und unsere Versöhnung.**
> **Friede mit ihm ist die Quelle des Friedens unter uns Menschen.**
> **Geben wir einander ein Zeichen dieses Friedens.**

Oder:

> L: **Der auferstandene Herr hat uns seinen Frieden zugesprochen.**
> **Deshalb gilt auch für uns die Aufforderung:**
> **In euren Herzen herrsche der Friede Christi,**
> **dazu seid ihr berufen als Glieder eines Leibes.**
> **Geben wir einander ein Zeichen dieses Friedens.**

Es kann ein Friedenslied gesungen werden.

▨ Kollekte (Sammlung der Gaben)

Auf die Verwendung der Kollekte kann mit folgenden oder ähnlichen Worten hingewiesen werden.

L: **Die Verbundenheit, die wir im Friedensgruß bekundet haben, geht über unsere Gemeinde hinaus. Dies wird auch in unserer Kollekte sichtbar, die heute bestimmt ist für …**

Zur Kollekte wird ein Lied gesungen oder Instrumentalmusik gespielt.

■ *Lobpreis und Bitte*

■ Sonn-(Fest-)täglicher Lobpreis

Am Sitz lädt der Leiter/die Leiterin zum Lobpreis ein. Die Gemeinde erhebt sich.

L: **Schwestern und Brüder,**
Gott hat zu uns gesprochen in den heiligen Schriften.
Wir haben sein Wort gehört.
Im Sonntäglichen Lobpreis/Festtäglichen Lobpreis geben wir ihm Ant-
wort.
Wir vereinen uns mit allen auf der Erde,
die heute den Tag des Herrn feiern, und beten:

Oder:

L: **Lasst uns einstimmen in den Sonntäglichen Lobpreis/Festtäglichen**
Lobpreis.

Oder:

L: **Kommt, lasst uns den Herrn loben und preisen.**

– Stille –

A. Lobpreis und Dank für das Geschenk des Sonntags

„Das ist der Tag, den der Herr gemacht"

T: nach Lk 2,14   M: Heino Schubert   Rechte: Carus-Verlag Stuttgart

Oder:

K/A Dir sei Preis   und Dank und   Eh - re!

T u. M: Franz Forsthuber

Oder:

Das ist der Tag, den der Herr gemacht (GL 232,4)
Jubelt dem Herrn alle Lande (GL 232,6)
Auf, lasst uns jubeln dem Herrn (GL 525)

L: **Gepriesen bist du, Schöpfer der Welt:**
Am Sonntag gedenken wir deiner Güte,
mit der du Himmel und Erde erschaffen hast.
Du bist die Quelle und der Ursprung allen Lebens.
Du hast am siebten Tag geruht von deinem Werk;
du lädst auch uns nach den Tagen der Arbeit ein,
an deiner schöpferischen Ruhe teilzuhaben.
Du willst, dass wir das Leben feiern,
das du uns immerfort schenkst.
Du lässt uns ausruhen von Mühe und Hast
und aufatmen im Blick auf deine Treue
zu uns und allen Geschöpfen.

K/A Eh - re Gott   in   der   Hö - he,
Frie - de den Men - schen auf Er - den.

Oder:

K/A Dir sei Preis   und Dank und   Eh - re!

L: **Gepriesen bist du, Gott, für den Tag,**
an dem du Christus, deinen Sohn, aus dem Tod erweckt
und zur Sonne des Heils gemacht hast.
Am Sonntag sammelst du deine Gemeinde um ihn
und stellst sie in das Licht seiner Liebe.
Am Sonntag erneuerst du den Bund der Treue,
den du mit uns geschlossen hast
in Christi Tod und Auferstehung.
Christus, dein Sohn, tritt in unsere Mitte:
Er bringt uns deine Versöhnung und deinen Frieden.
Er schenkt uns immer neu seinen Heiligen Geist,
der uns das Herz aufschließt für das Geheimnis deiner Liebe
und uns den Mund auftut zum Lob deiner großen Taten,
die du für uns und alle Welt vollbracht hast.

K/A Eh - re Gott in der Hö - he,

Frie - de den Men - schen auf Er - den.

Oder:

K/A Dir sei Preis   und Dank und   Eh - re!

L: Gepriesen bist du, Vater, für den Tag,
an dem wir die lebendige Hoffnung feiern,
zu der du die Welt berufen hast
durch die Auferweckung deines Sohnes.
Sie ist uns Unterpfand der kommenden Vollendung,
die wir mit der ganzen Schöpfung (voll Sehnsucht) erwarten.
Dein Sohn hat Sünde, Leid und Tod besiegt.
Er lässt uns in dieser Feier den Geschmack der Hoffnung verkosten:
dass deine Liebe stärker ist als alle Mächte des Todes
und deine Herrschaft des Erbarmens sich durchsetzt
in dieser Welt voll Unrecht und Gewalt.

K/A Eh - re Gott in der Hö - he,
Frie - de den Men - schen auf Er - den.

Oder:

K/A Dir sei Preis und Dank und Eh - re!

L: Gepriesen bist du, Freund unseres Lebens,
für das Geschenk des (dieses) Sonntags.
Wir heißen ihn an diesem Morgen (Abend) dankbar willkommen.
Befreie uns aus aller Enge und Hast,
und lass uns aufatmen in deiner Liebe.
Wir preisen dich mit deinem Sohn im Heiligen Geist
und stimmen freudig ein in das Lied der himmlischen Chöre,
die das Lob deiner Herrlichkeit singen:

↗ Hymnus

Weitere Texte für den Sonn-(Fest-)täglichen Lobpreis (Form B-G) ↗ S. 172 ff.

Hymnus

An den Festtagen und an den Sonntagen außerhalb der Advents- und Fastenzeit schließt der Hymnus „Ehre sei Gott in der Höhe" (Gloria-Hymnus) den Lobpreis ab. In der Advents- und Fastenzeit schließt der Lobpreis mit dem Hymnus „Dir gebührt unser Lob" (s. S. 185).

Fürbitten (Allgemeines Gebet)

Nach dem Hymnus folgen die Fürbitten (s. S. 201). Es sollte in der Regel gebetet werden für die Anliegen der Weltkirche und der Ortsgemeinde, die Regierenden, die Notleidenden, alle Menschen und das Heil der ganzen Welt, ausdrücklich auch für den Papst und den Diözesanbischof. Es ist sinnvoll, regelmäßig darum zu beten, dass die Gemeinde wieder gemeinsam die Eucharistie feiern kann.

Der Leiter/Die Leiterin spricht die Einleitung. Die einzelnen Anliegen werden von (verschiedenen) Gemeindegliedern vorgetragen. Dabei sollte eine ausreichende Zeit der Stille gegeben werden, damit auch für eigene Anliegen gebetet werden kann. Die Antwort der Gemeinde kann gesungen werden. Der Leiter/Die Leiterin lädt nach der letzten Bitte sogleich zum Vaterunser ein.*

Vaterunser

Der Leiter/Die Leiterin lädt zum gemeinsamen Gebet des Vaterunser ein.

L: **Wir heißen Kinder Gottes und sind es.**
Darum beten wir voll Vertrauen:

Oder:

L: **Lasst uns beten, wie der Herr uns zu beten gelehrt hat:**

Oder:

L: **Wir haben den Geist empfangen, der uns zu Kindern Gottes macht.**
Darum wagen wir zu sprechen:

---

* Folgen Austeilung und Empfang der Kommunion (S. 65–67), so werden die Fürbitten vom Leiter/der Leiterin durch ein Lobgebet abgeschlossen.

A: **Vater unser im Himmel,**
Geheiligt werde dein Name.
Dein Reich komme.
Dein Wille geschehe,
wie im Himmel so auf Erden.
Unser tägliches Brot gib uns heute.
Und vergib uns unsere Schuld,
wie auch wir vergeben unsern Schuldigern.
Und führe uns nicht in Versuchung,
sondern erlöse uns von dem Bösen.
Denn dein ist das Reich und die Kraft
und die Herrlichkeit in Ewigkeit.
Amen.

Loblied/Danklied

An dieser Stelle kann ein Loblied, ein Danklied oder ein der Kirchenjahreszeit entsprechendes Lied gesungen werden.

Abschluss

Mitteilungen

An dieser Stelle kann auf Gottesdienste und Veranstaltungen der Gemeinde an den kommenden Tagen hingewiesen oder anderes bekannt gemacht werden.

Segensbitte

Leitet ein Diakon die Feier, so erteilt er am Sitz den Segen in der für ihn vorgesehenen Weise (vgl. Messbuch). Leitet ein Beauftragter Laie die Feier, so kann die Segensbitte in folgender oder ähnlicher Weise erfolgen:

L: **Der Herr segne uns und behüte uns.**
Der Herr lasse sein Angesicht über uns leuchten
und sei uns gnädig.
Der Herr wende uns sein Angesicht zu
und schenke uns seinen Frieden.
A: **Amen.**

Oder:

L: **Der Vater schenke uns seine Liebe.**
A: **Amen.**
L: **Der Sohn erfülle uns mit seinem Leben.**
A: **Amen.**
L: **Der Heilige Geist stärke uns mit seiner Kraft.**
A: **Amen.**

Die Segensbitte schließt mit den Worten:

L: **Und der Segen des allmächtigen Gottes,**
des Vaters und des Sohnes und des Heiligen Geistes
komme auf uns herab und bleibe bei uns allezeit.

Währenddessen machen alle das Kreuzzeichen.

A: **Amen.**

▨ *Entlassung*

Diakon: **Gehet hin in Frieden.**
A: **Dank sei Gott, dem Herrn.**

L: **Singet Lob und Preis.**
A: **Dank sei Gott, dem Herrn.**

▨ *(Abendlied/Morgenlied/Marienlied)*

Zum Abschluss kann gegebenenfalls ein Abend- oder Morgenlied oder ein Marienlied gesungen werden.

▨ *Auszug*

Der Auszug findet in derselben Ordnung statt wie der Einzug. Er kann mit Orgel- oder anderer Instrumentalmusik begleitet werden.

Austeilung und Empfang der Kommunion

Die Wortes-Gottes-Feier folgt bis einschließlich der Fürbitten der oben aufgeführten Ordnung. Die Fürbitten werden jedoch in diesem Fall vom Leiter/von der Leiterin durch ein Lobgebet abgeschlossen. Die Austeilung der Kommunion schließt sich nach dem folgenden Modell an (s. auch S. 41 ff., Nr. 86–99).

■ *Hinweis auf die eucharistische Gemeinschaft*

Der Leiter/Die Leiterin verweist am Sitz mit folgenden oder ähnlichen Worten auf die eucharistische Tischgemeinschaft:

L: **Wir haben die Gegenwart unseres Herrn Jesus Christus erfahren
in der Verkündigung seines Wortes.
Das eucharistische Brot, das uns jetzt geschenkt wird,*
verbindet uns mit der Eucharistiefeier, die wir am vergangenen Sonntag
(in der vergangenen Woche, im vergangenen Monat, am Fest …)
hier zuletzt gefeiert haben.**

(Oder:
*verbindet uns mit der Eucharistiefeier, die heute in unserer Nachbargemeinde gefeiert wurde.)

Die bleibende Gegenwart des Herrn im eucharistischen Brot ist uns kostbares Gut, das den Glauben nährt, die Hoffnung stärkt und die Gemeinschaft mit unserem Herrn Jesus Christus festigt.

■ *Bereitung des Altares – Übertragung des Allerheiligsten*

Ein Ministrant/Eine Ministrantin breitet das Korporale auf dem Altar aus.

Die Gemeinde kniet.

Während der Übertragung wird ein Christus- oder ein Sakramentslied gesungen.

▥ *Stille Anbetung*

Nach der Übertragung lädt der Leiter/die Leiterin zur stillen Anbetung ein und kniet zusammen mit den anderen liturgischen Diensten vor dem Altar nieder.

▥ *Vaterunser*

Die Gemeinde erhebt sich. Der Leiter/Die Leiterin lädt zum Gebet des Herrn ein.

L: Lasst uns beten, wie der Herr uns zu beten gelehrt hat:

Alle singen oder sprechen gemeinsam:

A: Vater unser im Himmel,
Geheiligt werde dein Name.
Dein Reich komme.
Dein Wille geschehe,
wie im Himmel so auf Erden.
Unser tägliches Brot gib uns heute.
Und vergib uns unsere Schuld,
wie auch wir vergeben unsern Schuldigern.
Und führe uns nicht in Versuchung,
sondern erlöse uns von dem Bösen.
Denn dein ist das Reich und die Kraft
und die Herrlichkeit in Ewigkeit.
Amen.

▥ *Einladung zur Kommunion – Kommunion*

Der Leiter/Die Leiterin macht vor dem Altar eine Kniebeuge, nimmt eine Hostie, hält sie über der Hostienschale und spricht der Gemeinde zugewandt:

L: Seht das Lamm Gottes,
das hinwegnimmt die Sünde der Welt.
A: Herr, ich bin nicht würdig,
dass du eingehst unter mein Dach,
aber sprich nur ein Wort,
so wird meine Seele gesund.

Dann teilt der Leiter/die Leiterin die Kommunion an die anderen Kommunionhelfer/ Kommunionhelferinnen aus und empfängt selbst die Kommunion. Anschließend wird die Kommunion in der gewohnten Weise an die Gemeinde ausgeteilt.

Leiter/in oder Kommunionhelfer/in:

Der Leib Christi.

Kommunizierende/r:

Amen.

Während der Kommunionausteilung kann Orgel- oder andere Instrumentalmusik gespielt werden. Es kann auch ein geeigneter Wechselgesang gewählt oder Stille gehalten werden.

Die Schale(n) mit den nach der Kommunionausteilung verbliebenen Hostien wird (werden) in den Tabernakel zurückgestellt. Die leeren Gefäße werden zur Kredenz gebracht und (nach dem Gottesdienst) gereinigt.

Stille – Danklied

Nach einer angemessenen Zeit der Stille kann ein geeignetes Danklied gesungen werden

Schlussgebet

Der Leiter/Die Leiterin spricht am Sitz das folgende oder ein anderes Schlussgebet.

L: Lasset uns beten.

Nach eine kurzen Stille trägt der Leiter/die Leiterin das Schlussgebet vor.

L: Barmherziger Gott,
du hast uns gestärkt durch das lebendige Brot,
  das vom Himmel kommt.
Deine Liebe,
  die wir in der heiligen Speise empfangen haben,
mache uns bereit,
dir in unseren Schwestern und Brüdern zu dienen.
Darum bitten wir durch Christus, unseren Herrn.
A: Amen.

Weitere Schlussgebete s. S. 169 ff.

Die Feier wird in der Weise abgeschlossen, wie es auf S. 63 f. vorgesehen ist.

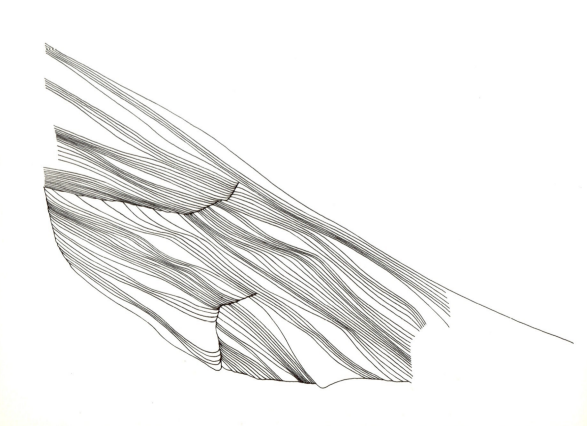

II. Auswahlelemente

Kyrie-Rufe

(nach der Melodie GL 495)

■ *Advent*

Herr Jesus, du Sohn des lebendigen Gottes
Kyrie eleison
Du Licht und Hoffnung der Völker
Kyrie eleison

Herr Christus, du lichtest unsre Nächte
Christe eleison
Du ebnest Wege des Friedens
Christe eleison

Herr Jesus, du willst unter uns wohnen
Kyrie eleison
Du kommst uns entgegen
Kyrie eleison

■ *Weihnachten*

Herr Jesus, du Sohn des ewigen Vaters
Kyrie eleison
Du Kind in der Krippe
Kyrie eleison

Herr Christus, du schenkst uns Trost und Hoffnung
Christe eleison
Bei dir finden wir Frieden
Christe eleison

Herr Jesus, du willst unser Bruder sein
Kyrie eleison
Du gibst dich uns zu erkennen
Kyrie eleison

■ *Ostern*

Herr Jesus, du bist auferstanden von den Toten
Kyrie eleison
Du hast den Tod bezwungen
Kyrie eleison

Herr Christus, du wandelst unsre Nächte
Christe eleison
Du bist die Tür zum Leben
Christe eleison

Herr Jesus, du erfüllst uns mit tiefer Freude
Kyrie eleison
Du bewahrst uns in deiner Liebe
Kyrie eleison

■ *Heiliger Geist*

Herr Jesus, dein Geist führt uns zusammen
Kyrie eleison
Er eint uns zu deiner Kirche
Kyrie eleison

Herr Christus, dein Geist erfüllt die Erde
Christe eleison
Er führt sie zur Vollendung
Christe eleison

Herr Jesus, du schenkst uns die Gaben deines Geistes
Kyrie eleison
Du hilfst uns, danach zu leben
Kyrie eleison

■ *Nachfolge, Gemeinschaft mit Christus*

Herr Jesus, du rufst uns, dir zu folgen
Kyrie eleison
Du bist an unsrer Seite
Kyrie eleison

Herr Christus, du gibst uns Leben in Fülle
Christe eleison
Du wandelst uns nach deinem Bilde
Christe eleison

Herr Jesus, du führst uns zu Umkehr und Vergebung
Kyrie eleison
Du hilfst uns, dich immer mehr zu lieben
Kyrie eleison

Oder:

Herr Jesus, du Hirt deines Volkes
Kyrie eleison
Du Heil der Armen und Kranken
Kyrie eleison

Herr Christus, du bist unsere Sehnsucht und Hoffnung
Christe eleison
Du hast Worte ewigen Lebens
Christe eleison

Herr Jesus, du zeigst uns die Liebe des Vaters
Kyrie eleison
Du schenkst uns Glück und Leben
Kyrie eleison

Oder:

Herr Jesus, du bist in unserer Mitte
Kyrie eleison
Du gehst mit uns durch Kreuz und Leiden
Kyrie eleison

Herr Christus, bei dir finden wir Frieden
Christe eleison
Du bleibst bei uns alle Tage
Christe eleison

Herr Jesus, du schenkst uns die Kraft deines Geistes
Kyrie eleison
Du hilfst uns, dich zu bekennen
Kyrie eleison

Wort Gottes

Herr Jesus, du Wort des lebendigen Gottes
Kyrie eleison
Du hast zu uns gesprochen
Kyrie eleison

Herr Christus, dein Wort erleuchtet die Herzen
Christe eleison
Du bist die Wahrheit und das Leben
Christe eleison

Herr Jesus, du sendest uns als deine Zeugen
Kyrie eleison
Du leitest und bewahrst uns
Kyrie eleison

Orationen

Eröffnungsgebete

a) Sonn- und Festtage der geprägten Zeiten

Der Advent

Erster Adventssonntag

Eröffnungsgebet

Herr, unser Gott,
alles steht in deiner Macht;
du schenkst das Wollen und das Vollbringen.
Hilf uns,
dass wir auf dem Weg der Gerechtigkeit
    Christus entgegengehen
und uns durch Taten der Liebe
    auf seine Ankunft vorbereiten,
damit wir den Platz zu seiner Rechten erhalten,
wenn er wiederkommt in Herrlichkeit.
Er, der in der Einheit des Heiligen Geistes
    mit dir lebt und herrscht in alle Ewigkeit.   *MB 1*

Zweiter Adventssonntag

Eröffnungsgebet

Allmächtiger und barmherziger Gott,
deine Weisheit allein zeigt uns den rechten Weg.
Lass nicht zu,
    dass irdische Aufgaben und Sorgen uns hindern,
    deinem Sohn entgegenzugehen.
Führe uns durch dein Wort und deine Gnade
    zur Gemeinschaft mit ihm,
der in der Einheit des Heiligen Geistes
    mit dir lebt und herrscht in alle Ewigkeit.   *MB 10*

Dritter Adventssonntag

Eröffnungsgebet

Allmächtiger Gott,
sieh gütig auf dein Volk,
 das mit gläubigem Verlangen
 das Fest der Geburt Christi erwartet.
Mache unser Herz bereit für das Geschenk der Erlösung,
damit Weihnachten für uns alle
 ein Tag der Freude und der Zuversicht werde.
Darum bitten wir durch Jesus Christus,
deinen Sohn, unseren Herrn und Gott,
der in der Einheit des Heiligen Geistes
 mit dir lebt und herrscht in alle Ewigkeit.   *MB 18*

Vierter Adventssonntag

Eröffnungsgebet

Allmächtiger Gott,
gieße deine Gnade in unsere Herzen ein.
Durch die Botschaft des Engels
 haben wir die Menschwerdung Christi,
 deines Sohnes, erkannt.
Führe uns durch sein Leiden und Kreuz
 zur Herrlichkeit der Auferstehung.
Darum bitten wir durch ihn, Jesus Christus,
deinen Sohn, unseren Herrn und Gott,
der in der Einheit des Heiligen Geistes
 mit dir lebt und herrscht in alle Ewigkeit.   *MB 33*

■ *Die Weihnachtszeit*

25. Dezember

Hochfest der Geburt des Herrn

Weihnachten – Christtag

Am Heiligen Abend

Eröffnungsgebet   **Gütiger Gott,**
Jahr für Jahr erwarten wir voll Freude
    das Fest unserer Erlösung.
Gib, dass wir deinen Sohn
    von ganzem Herzen als unseren Retter
    und Heiland aufnehmen,
damit wir ihm voll Zuversicht entgegengehen können,
wenn er am Ende der Zeiten als Richter wiederkommt.
Er, der in der Einheit des Heiligen Geistes
    mit dir lebt und herrscht in alle Ewigkeit.   *MB 36*

In der Heiligen Nacht

Eröffnungsgebet   **Herr, unser Gott,**
in dieser hochheiligen Nacht
    ist uns das wahre Licht aufgestrahlt.
Lass uns dieses Geheimnis im Glauben erfassen
    und bewahren,
bis wir im Himmel
    den unverhüllten Glanz deiner Herrlichkeit schauen.
Darum bitten wir durch Jesus Christus,
deinen Sohn, unseren Herrn und Gott,
der in der Einheit des Heiligen Geistes
    mit dir lebt und herrscht in alle Ewigkeit.   *MB 38*

Am Morgen

Eröffnungsgebet

Allmächtiger Gott,
dein ewiges Wort ist Fleisch geworden,
    um uns mit dem Glanz deines Lichtes zu erfüllen.
Gib, dass in unseren Werken widerstrahlt,
    was durch den Glauben in unserem Herzen leuchtet.
Darum bitten wir durch ihn, Jesus Christus,
deinen Sohn, unseren Herrn und Gott,
der in der Einheit des Heiligen Geistes
    mit dir lebt und herrscht in alle Ewigkeit.   *MB 39*

Am Tag

Eröffnungsgebet

Allmächtiger Gott,
du hast den Menschen
    in seiner Würde wunderbar erschaffen
und noch wunderbarer wiederhergestellt.
Lass uns teilhaben an der Gottheit deines Sohnes,
    der unsere Menschennatur angenommen hat.
Er, der in der Einheit des Heiligen Geistes
    mit dir lebt und herrscht in alle Ewigkeit.   *MB 40*

Sonntag in der Weihnachtsoktav

Fest der Heiligen Familie

Eröffnungsgebet **Herr, unser Gott,**
in der Heiligen Familie
hast du uns ein leuchtendes Vorbild geschenkt.
Gib unseren Familien die Gnade,
dass auch sie in Frömmigkeit und Eintracht leben
und einander in der Liebe verbunden bleiben.
Führe uns alle zur ewigen Gemeinschaft
in deinem Vaterhaus.
Darum bitten wir durch Jesus Christus,
deinen Sohn, unseren Herrn und Gott,
der in der Einheit des Heiligen Geistes
mit dir lebt und herrscht in alle Ewigkeit.   *MB 42*

1. Januar – Neujahr

Oktavtag von Weihnachten – Hochfest der Gottesmutter Maria

Eröffnungsgebet **Barmherziger Gott,**
durch die Geburt deines Sohnes aus der Jungfrau Maria
hast du der Menschheit das ewige Heil geschenkt.
Lass uns (auch im neuen Jahr) immer und überall
die Fürbitte der gnadenvollen Mutter erfahren,
die uns den Urheber des Lebens geboren hat,
Jesus Christus, deinen Sohn, unseren Herrn und Gott,
der in der Einheit des Heiligen Geistes
mit dir lebt und herrscht in alle Ewigkeit.   *MB 48*

Zweiter Sonntag nach Weihnachten

Eröffnungsgebet **Allmächtiger, ewiger Gott,**
du erleuchtest alle, die an dich glauben.
Offenbare dich den Völkern der Erde,
damit alle Menschen
das Licht deiner Herrlichkeit schauen.
Darum bitten wir durch Jesus Christus,
deinen Sohn, unseren Herrn und Gott,
der in der Einheit des Heiligen Geistes
mit dir lebt und herrscht in alle Ewigkeit. *MB 50*

6. Januar

Erscheinung des Herrn

Eröffnungsgebet **Allherrschender Gott,**
durch den Stern, dem die Weisen gefolgt sind,
hast du am heutigen Tag
den Heidenvölkern deinen Sohn geoffenbart.
Auch wir haben dich schon im Glauben erkannt.
Führe uns vom Glauben
zur unverhüllten Anschauung deiner Herrlichkeit.
Darum bitten wir durch Jesus Christus,
deinen Sohn, unseren Herrn und Gott,
der in der Einheit des Heiligen Geistes
mit dir lebt und herrscht in alle Ewigkeit. *MB 58*

Sonntag nach dem 6. Januar

Taufe des Herrn

Fest

Eröffnungsgebet

**Allmächtiger, ewiger Gott,
bei der Taufe im Jordan
    kam der Heilige Geist
auf unseren Herrn Jesus Christus herab,
und du hast ihn als deinen geliebten Sohn geoffenbart.
Gib, dass auch wir,
    die aus dem Wasser und dem Heiligen Geist
    wiedergeboren sind,
in deinem Wohlgefallen stehen
und als deine Kinder aus der Fülle dieses Geistes leben.
Darum bitten wir durch Jesus Christus,
deinen Sohn, unseren Herrn und Gott,
der in der Einheit des Heiligen Geistes
    mit dir lebt und herrscht in alle Ewigkeit.**   *MB 70*

Oder:
**Allmächtiger Gott,
dein einziger Sohn, vor aller Zeit aus dir geboren,
    ist in unserem Fleisch sichtbar erschienen.
Wie er uns gleich geworden ist
    in der menschlichen Gestalt,
so werde unser Inneres neu geschaffen
    nach seinem Bild.
Darum bitten wir durch ihn,
der in der Einheit des Heiligen Geistes
    mit dir lebt und herrscht in alle Ewigkeit.**   *MB 70*

◼ *Die Fastenzeit – Österliche Bußzeit*

Aschermittwoch

Eröffnungsgebet **Getreuer Gott,**
im Vertrauen auf dich
beginnen wir die vierzig Tage der Umkehr und Buße.
Gib uns die Kraft zu christlicher Zucht,
damit wir dem Bösen absagen
und mit Entschiedenheit das Gute tun.
Darum bitten wir durch Jesus Christus,
deinen Sohn, unseren Herrn und Gott,
der in der Einheit des Heiligen Geistes
mit dir lebt und herrscht in alle Ewigkeit.   *MB 75*

Erster Fastensonntag

Eröffnungsgebet **Allmächtiger Gott,**
du schenkst uns die heiligen vierzig Tage
als eine Zeit der Umkehr und der Buße.
Gib uns durch ihre Feier die Gnade,
dass wir in der Erkenntnis Jesu Christi voranschreiten
und die Kraft seiner Erlösungstat
durch ein Leben aus dem Glauben sichtbar machen.
Darum bitten wir durch ihn,
der in der Einheit des Heiligen Geistes
mit dir lebt und herrscht in alle Ewigkeit.   *MB 83*

Zweiter Fastensonntag

Eröffnungsgebet **Gott,
du hast uns geboten,
    auf deinen geliebten Sohn zu hören.
Nähre uns mit deinem Wort
und reinige die Augen unseres Geistes,
    damit wir fähig werden,
    deine Herrlichkeit zu erkennen.
Darum bitten wir durch Jesus Christus,
deinen Sohn, unseren Herrn und Gott,
der in der Einheit des Heiligen Geistes
    mit dir lebt und herrscht in alle Ewigkeit.**   *MB 93*

Dritter Fastensonntag

Eröffnungsgebet **Gott, unser Vater,
du bist der Quell des Erbarmens und der Güte.
Wir stehen als Sünder vor dir,
und unser Gewissen klagt uns an.
Sieh auf unsere Not
und lass uns Vergebung finden
    durch Fasten, Gebet und Werke der Liebe.
Darum bitten wir durch Jesus Christus,
deinen Sohn, unseren Herrn und Gott,
der in der Einheit des Heiligen Geistes
    mit dir lebt und herrscht in alle Ewigkeit.**   *MB 103*

Vierter Fastensonntag

Eröffnungsgebet **Herr, unser Gott,**
du hast in deinem Sohn
    die Menschheit auf wunderbare Weise mit dir versöhnt.
Gib deinem Volk einen hochherzigen Glauben,
    damit es mit froher Hingabe
    dem Osterfest entgegeneilt.
Darum bitten wir durch Jesus Christus,
deinen Sohn, unseren Herrn und Gott,
der in der Einheit des Heiligen Geistes
    mit dir lebt und herrscht in alle Ewigkeit.   *MB 113*

Fünfter Fastensonntag

Eröffnungsgebet **Herr, unser Gott,**
dein Sohn hat sich aus Liebe zur Welt
    dem Tod überliefert.
Lass uns in seiner Liebe bleiben
und mit deiner Gnade aus ihr leben.
Darum bitten wir durch Jesus Christus,
deinen Sohn, unseren Herrn und Gott,
der in der Einheit des Heiligen Geistes
    mit dir lebt und herrscht in alle Ewigkeit.   *MB 123*

Palmsonntag

Eröffnungsgebet   **Allmächtiger, ewiger Gott,**
deinem Willen gehorsam,
  hat unser Erlöser Fleisch angenommen,
er hat sich selbst erniedrigt
und sich unter die Schmach des Kreuzes gebeugt.
Hilf uns,
  dass wir ihm auf dem Weg des Leidens nachfolgen
  und an seiner Auferstehung Anteil erlangen.
Darum bitten wir durch ihn, Jesus Christus,
deinen Sohn, unseren Herrn und Gott,
der in der Einheit des Heiligen Geistes
  mit dir lebt und herrscht in alle Ewigkeit.   *MB [8]*

Die Osterzeit

Hochfest der Auferstehung des Herrn

Ostersonntag

Am Tag

Eröffnungsgebet   **Allmächtiger, ewiger Gott,**
am heutigen Tag
  hast du durch deinen Sohn den Tod besiegt
  und uns den Zugang zum ewigen Leben erschlossen.
Darum begehen wir in Freude
  das Fest seiner Auferstehung.
Schaffe uns neu durch deinen Geist,
  damit auch wir auferstehen
  und im Licht des Lebens wandeln.
Darum bitten wir durch Jesus Christus,
deinen Sohn, unseren Herrn und Gott,
der in der Einheit des Heiligen Geistes
  mit dir lebt und herrscht in alle Ewigkeit.   *MB [110]*

Ostermontag

Eröffnungsgebet   **Gott, du Herr allen Lebens,**
durch die Taufe schenkst du deiner Kirche
     Jahr für Jahr neue Söhne und Töchter.
Gib, dass alle Christen
     in ihrem Leben dem Sakrament treu bleiben,
     das sie im Glauben empfangen haben.
Darum bitten wir durch Jesus Christus,
deinen Sohn, unseren Herrn und Gott,
der in der Einheit des Heiligen Geistes
     mit dir lebt und herrscht in alle Ewigkeit.   *MB 135*

Zweiter Sonntag der Osterzeit

Sonntag der göttlichen Barmherzigkeit
Weißer Sonntag

Eröffnungsgebet   **Barmherziger Gott,**
durch die jährliche Osterfeier
     erneuerst du den Glauben deines Volkes.
Lass uns immer tiefer erkennen,
wie heilig das Bad der Taufe ist,
     das uns gereinigt hat,
wie mächtig dein Geist,
     aus dem wir wiedergeboren sind,
und wie kostbar das Blut,
     durch das wir erkauft sind.
Darum bitten wir durch Jesus Christus,
deinen Sohn, unseren Herrn und Gott,
der in der Einheit des Heiligen Geistes
     mit dir lebt und herrscht in alle Ewigkeit.   *MB 143*

Dritter Sonntag der Osterzeit

Eröffnungsgebet   **Allmächtiger Gott,**
lass die österliche Freude in uns fortdauern,
denn du hast deiner Kirche neue Lebenskraft geschenkt
und die Würde unserer Gotteskindschaft
 in neuem Glanz erstrahlen lassen.
Gib, dass wir den Tag der Auferstehung
 voll Zuversicht erwarten
  als einen Tag des Jubels und des Dankes.
Darum bitten wir durch Jesus Christus,
deinen Sohn, unseren Herrn und Gott,
der in der Einheit des Heiligen Geistes
 mit dir lebt und herrscht in alle Ewigkeit. *MB 152*

Vierter Sonntag der Osterzeit

Eröffnungsgebet   **Allmächtiger, ewiger Gott,**
dein Sohn ist der Kirche siegreich vorausgegangen
 als der Gute Hirt.
Geleite auch die Herde,
 für die er sein Leben dahingab,
  aus aller Not zur ewigen Freude.
Darum bitten wir durch ihn, Jesus Christus,
deinen Sohn, unseren Herrn und Gott,
der in der Einheit des Heiligen Geistes
 mit dir lebt und herrscht in alle Ewigkeit. *MB 161*

Fünfter Sonntag der Osterzeit

Eröffnungsgebet **Gott, unser Vater,**
du hast uns durch deinen Sohn erlöst
und als deine geliebten Kinder angenommen.
Sieh voll Güte auf alle,
 die an Christus glauben,
und schenke ihnen die wahre Freiheit und das ewige Erbe.
Darum bitten wir durch Jesus Christus,
deinen Sohn, unseren Herrn und Gott,
der in der Einheit des Heiligen Geistes
 mit dir lebt und herrscht in alle Ewigkeit. *MB 170*

Sechster Sonntag der Osterzeit

Eröffnungsgebet **Allmächtiger Gott,**
lass uns die österliche Zeit in herzlicher Freude begehen
und die Auferstehung unseres Herrn preisen,
damit das Ostergeheimnis,
 das wir in diesen fünfzig Tagen feiern,
 unser ganzes Leben prägt und verwandelt.
Darum bitten wir durch Jesus Christus,
deinen Sohn, unseren Herrn und Gott,
der in der Einheit des Heiligen Geistes
 mit dir lebt und herrscht in alle Ewigkeit. *MB 179*

Christi Himmelfahrt

Hochfest

Eröffnungsgebet **Allmächtiger, ewiger Gott,**
erfülle uns mit Freude und Dankbarkeit,
denn in der Himmelfahrt deines Sohnes
hast du den Menschen erhöht.
Schenke uns das feste Vertrauen,
dass auch wir zu der Herrlichkeit gerufen sind,
in die Christus uns vorausgegangen ist,
der in der Einheit des Heiligen Geistes
mit dir lebt und herrscht in alle Ewigkeit.   *MB 184*

Siebter Sonntag der Osterzeit

Eröffnungsgebet **Allmächtiger Gott,**
wir bekennen,
dass unser Erlöser bei dir in deiner Herrlichkeit ist.
Erhöre unser Rufen
und lass uns erfahren,
dass er alle Tage bis zum Ende der Welt bei uns bleibt,
wie er uns verheißen hat.
Er, der in der Einheit des Heiligen Geistes
mit dir lebt und herrscht in alle Ewigkeit.   *MB 191*

Pfingsten

Am Vorabend

Eröffnungsgebet

**Gott, unser Herr,
du hast das österliche Geheimnis
    im Geschehen des Pfingsttages vollendet
und Menschen aus allen Völkern das Heil geoffenbart.
Vereine im Heiligen Geist
    die Menschen aller Sprachen und Nationen
    zum Bekenntnis deines Namens.
Darum bitten wir durch Jesus Christus,
deinen Sohn, unseren Herrn und Gott,
der in der Einheit des Heiligen Geistes
    mit dir lebt und herrscht in alle Ewigkeit.** *MB 199*

Oder:

**Allmächtiger Gott,
der Glanz deiner Herrlichkeit strahle über uns auf,
und Christus, das Licht von deinem Licht,
    erleuchte die Herzen aller Getauften
    und stärke sie durch den Heiligen Geist.
Darum bitten wir durch Jesus Christus,
deinen Sohn, unseren Herrn und Gott,
der in der Einheit des Heiligen Geistes
    mit dir lebt und herrscht in alle Ewigkeit.** *MB 199*

Am Tag

Eröffnungsgebet   **Allmächtiger, ewiger Gott,**
durch das Geheimnis des heutigen Tages
heiligst du deine Kirche
in allen Völkern und Nationen.
Erfülle die ganze Welt
mit den Gaben des Heiligen Geistes,
und was deine Liebe am Anfang der Kirche gewirkt hat,
das wirke sie auch heute in den Herzen aller,
die an dich glauben.
Darum bitten wir durch Jesus Christus,
deinen Sohn, unseren Herrn und Gott,
der in der Einheit des Heiligen Geistes
mit dir lebt und herrscht in alle Ewigkeit.   *MB 201*

Pfingstmontag

Eröffnungsgebet   **Gott und Vater unseres Herrn Jesus Christus,**
im Neuen Bund berufst du aus allen Völkern dein Volk
und führst es zusammen im Heiligen Geist.
Gib, dass deine Kirche ihrer Sendung treu bleibt,
dass sie ein Sauerteig ist für die Menschheit,
die du in Christus erneuern
und zu deiner Familie umgestalten willst.
Darum bitten wir durch ihn,
der in der Einheit des Heiligen Geistes
mit dir lebt und herrscht in alle Ewigkeit.   *MB 205*

Herrenfeste im Jahreskreis

Sonntag nach Pfingsten

Dreifaltigkeitssonntag

Hochfest

Eröffnungsgebet

**Herr, himmlischer Vater,
du hast dein Wort und deinen Geist in die Welt gesandt,
    um das Geheimnis des göttlichen Lebens zu offenbaren.
Gib, dass wir im wahren Glauben
    die Größe der göttlichen Dreifaltigkeit bekennen
und die Einheit der drei Personen
    in ihrem machtvollen Wirken verehren.
Darum bitten wir durch Jesus Christus,
deinen Sohn, unseren Herrn und Gott,
der in der Einheit des Heiligen Geistes
    mit dir lebt und herrscht in alle Ewigkeit.** *MB 250*

Freitag der 3. Woche nach Pfingsten

Heiligstes Herz Jesu

Hochfest

Eröffnungsgebet

**Allmächtiger Gott,
wir verehren das Herz deines geliebten Sohnes
und preisen die großen Taten seiner Liebe.
Gib, dass wir aus dieser Quelle göttlichen Erbarmens
    die Fülle der Gnade und des Lebens empfangen.
Darum bitten wir durch ihn, Jesus Christus,
deinen Sohn, unseren Herrn und Gott,
der in der Einheit des Heiligen Geistes
    mit dir lebt und herrscht in alle Ewigkeit.** *MB 257*

b) Die Zeit im Jahreskreis (Sonntage)

2. Sonntag im Jahreskreis

Tagesgebet vom Sonntag

Eröffnungsgebet **Allmächtiger Gott,**
du gebietest über Himmel und Erde,
du hast Macht über die Herzen der Menschen.
Darum kommen wir voll Vertrauen zu dir;
stärke alle, die sich um die Gerechtigkeit mühen,
und schenke unserer Zeit deinen Frieden.
Darum bitten wir durch Jesus Christus,
deinen Sohn, unseren Herrn und Gott,
der in der Einheit des Heiligen Geistes
mit dir lebt und herrscht in alle Ewigkeit. *MB 209*

Perikopenorationen

LJ A: Evangelium Joh 1,29–34: *Seht das Lamm Gottes, das die Sünde der Welt hinweg-*
nimmt.

Eröffnungsgebet **Gott, unser Vater,**
du hast uns in deine Kirche berufen.
Als deine Töchter und Söhne sind wir hier versammelt.
Wir bitten dich:
Sende uns deinen Geist,
und mach uns zu einem Licht der Völker,
damit dein Heil durch uns verkündet wird
bis an die Grenzen der Erde,
und alle Menschen deinen Sohn erkennen,
Jesus Christus, unseren Herrn,
der mit dir und dem Heiligen Geist lebt
von Ewigkeit zu Ewigkeit.

LJ B: Evangelium   Joh 1,35–42: *Sie folgten Jesus und sahen, wo er wohnte, und blieben bei ihm.*

Eröffnungsgebet

Gott, unser Heil,
    du rufst uns durch das Wort deines Sohnes
und lädst uns ein, ihm zu folgen.
Wir bitten dich:
Öffne unsere Ohren und unsere Herzen,
    damit wir erfüllt werden von seiner Botschaft
und seine Nähe erfahren.
Das gewähre uns durch ihn,
    unseren Herrn Jesus Christus,
der mit dir lebt
    in der Gemeinschaft des Heiligen Geistes
jetzt und in Ewigkeit.

LJ C: Evangelium   Joh 2,1–11: *So tat Jesus sein erstes Zeichen – in Kana in Galiläa.*

Eröffnungsgebet

Gütiger Gott,
    du rufst uns aus dem Alltag
    zur Feier deiner Gegenwart.
Erfülle uns mit deinen Gaben
und wandle uns nach dem Bild deines Sohnes,
    unseres Herrn Jesus Christus,
der mit dir lebt und herrscht
    in der Einheit des Heiligen Geistes
heute und alle Tage und in Ewigkeit.

3. Sonntag im Jahreskreis

Tagesgebet vom Sonntag

Eröffnungsgebet   **Allmächtiger, ewiger Gott,
lenke unser Tun nach deinem Willen
und gib, dass wir im Namen deines geliebten Sohnes
    reich werden an guten Werken.
Darum bitten wir durch ihn, Jesus Christus,
deinen Sohn, unseren Herrn und Gott,
der in der Einheit des Heiligen Geistes
    mit dir lebt und herrscht in alle Ewigkeit.**   *MB 210*

Perikopenorationen

LJ A: Evangelium   Mt 4,12–23: *Jesus verließ Nazaret, um in Kafarnaum zu wohnen, im Gebiet von Sebulon und Naftali; denn es sollte sich erfüllen, was durch Jesaja gesagt worden ist.*

Eröffnungsgebet   **Gott, unser Licht,
    du machst unsere Finsternis hell.
Entzünde in uns das Feuer deines Geistes,
damit wir deine Botschaft weitersagen
und einmütig Christus verkünden.
Darum bitten wir durch ihn,
    Jesus Christus, deinen Sohn,
der mit dir und dem Heiligen Geist
    lebt von Ewigkeit zu Ewigkeit.**

LJ B: Evangelium	Mk 1,14–20: *Kehrt um, und glaubt an das Evangelium!*
Eröffnungsgebet	**Barmherziger Gott,**

Barmherziger Gott,
    in deinem Sohn kommen deine Macht und Güte
    in unsere zerbrechliche Welt.
Nimm alles weg,
    was uns von ihm trennt,
und lehre uns,
    ihm, Jesus Christus, zu folgen,
der in der Einheit des Heiligen Geistes
    mit dir lebt und herrscht in Ewigkeit.

LJ C: Evangelium	Lk 1,1–4; 4,14–21: *Heute hat sich dieses Schriftwort erfüllt.*
Eröffnungsgebet	**Gütiger Gott,**

Gütiger Gott,
    du hast deinen Sohn gesandt,
    um deine frohe Botschaft zu verkünden.
Öffne unsere Ohren für seine Stimme,
bereite unsere Herzen für sein heilendes Wort
und erfülle deine Verheißung
    durch deinen Sohn Jesus Christus,
der mit dir und dem Heiligen Geist lebt
    jetzt und in Ewigkeit.

4. Sonntag im Jahreskreis

Tagesgebet vom Sonntag

Eröffnungsgebet
**Herr, unser Gott,
du hast uns erschaffen,
    damit wir dich preisen.
Gib, dass wir dich mit ungeteiltem Herzen anbeten
und die Menschen lieben, wie du sie liebst.
Darum bitten wir durch Jesus Christus,
deinen Sohn, unseren Herrn und Gott,
der in der Einheit des Heiligen Geistes
    mit dir lebt und herrscht in alle Ewigkeit.**   *MB 211*

Perikopenorationen

LJ A: Evangelium   Mt 5,1–12a: *Selig, die arm sind vor Gott. (Seligpreisungen)*

Eröffnungsgebet
**Barmherziger Gott,
    du unsere Zuflucht.
Du nimmst uns an in unserer Armut.
Schenk uns durch diese Feier die Kraft,
    Trauernde zu trösten,
    Hungernde zu sättigen
    und Frieden zu stiften in dieser Welt.
Darum bitten wir im Heiligen Geist
durch Jesus Christus, deinen Sohn, unsern Herrn,
    der mit dir lebt in Ewigkeit.**

| LJ B: Evangelium | Mk 1,21–28: *Er lehrte sie wie einer, der göttliche Vollmacht hat.* |

Eröffnungsgebet

Barmherziger Gott,
dein Sohn hat die Menschen mit Vollmacht gelehrt
und sie geheilt an Seele und Leib.
Wir bitten dich:
Gib, dass wir ihn erkennen
und bekennen als deinen Christus,
der in der Gemeinschaft des Heiligen Geistes
mit dir lebt
jetzt und in Ewigkeit.

| LJ C: Evangelium | Lk 4,21–30: *Wie Elija und Elischa so ist Jesus nicht nur zu den Juden gesandt.* |

Eröffnungsgebet

Gott, unser Heil,
durch den Mund deiner Propheten
hast du zu den Völkern gesprochen,
im Evangelium sprichst du
durch deinen Sohn zu uns.
Gib uns ein waches Herz für dein Wort,
damit wir ihn aufnehmen, den du gesandt hast,
Jesus Christus, unseren Herrn,
der mit dir und dem Heiligen Geist
lebt und herrscht in Ewigkeit.

5. Sonntag im Jahreskreis

Tagesgebet vom Sonntag

Eröffnungsgebet   **Gott, unser Vater,**
                      wir sind dein Eigentum
                      und setzen unsere Hoffnung allein auf deine Gnade.
                      Bleibe uns nahe in jeder Not und Gefahr
                          und schütze uns.
                      Darum bitten wir durch Jesus Christus,
                      deinen Sohn, unseren Herrn und Gott,
                      der in der Einheit des Heiligen Geistes
                          mit dir lebt und herrscht in alle Ewigkeit.   *MB 213*

Perikopenorationen

LJ A: Evangelium   Mt 5, 13–16: *Euer Licht soll vor den Menschen leuchten.*

Eröffnungsgebet   **Gott, Vater im Himmel,**
                          du bist uns nahe in unserem Leben,
                      deine Liebe umfängt uns.
                      In dieser Feier schenke uns das Feuer deines Geistes,
                      damit unser Licht vor den Menschen leuchtet
                      und sie dich preisen
                          durch deinen Sohn Jesus Christus,
                      der mit dir und dem Heiligen Geist lebt in Ewigkeit.

LJ B: Evangelium   Mk 1,29–39: *Er heilte viele, die an allen möglichen Krankheiten litten.*

Eröffnungsgebet   **Gott, unser Retter,**
dein Sohn richtet auf,
 was darniederliegt,
und heilt,
 was verwundet ist.
Wir bitten dich:
Gib Mut und Trost und Kraft den Leidenden,
tröste alle, die trauern,
und bewahre alle,
 in Jesus Christus, deinem Sohn,
 unserem Bruder und Herrn,
der in der Einheit des Heiligen Geistes
 mit dir lebt und wirkt
jetzt und in Ewigkeit.

LJ C: Evangelium   Lk 5,1–11: *Sie ließen alles zurück und folgten ihm nach.*

Eröffnungsgebet   **Gott,**
 immer wieder rufst du uns,
 dir zu folgen.
Gib uns das Vertrauen in deine Verheißung
und lass uns glaubwürdige Zeugen
 deiner frohen Botschaft sein.
Darum bitten wir durch Jesus Christus, deinen Sohn,
der in der Einheit des Heiligen Geistes
 mit dir lebt und herrscht in Ewigkeit.

6. Sonntag im Jahreskreis

Tagesgebet vom Sonntag

Eröffnungsgebet

**Gott, du liebst deine Geschöpfe,
und es ist deine Freude,
    bei den Menschen zu wohnen.
Gib uns ein neues und reines Herz,
    das bereit ist, dich aufzunehmen.
Darum bitten wir durch Jesus Christus,
deinen Sohn, unseren Herrn und Gott,
der in der Einheit des Heiligen Geistes
    mit dir lebt und herrscht in alle Ewigkeit.**   *MB 214*

Perikopenorationen

LJ A: Evangelium   Mt 5,17–37: *Zu den Alten ist gesagt worden – ich aber sage euch …*

Eröffnungsgebet

**Gott, du Fülle der Weisheit,
    du siehst auf unser Tun.
Du hast deinen Sohn gesandt,
    damit er uns das Gesetz der Liebe bringt.
Gib uns den Mut,
    entschlossen den Weg deiner Weisungen zu gehen,
und schenke uns deine Gerechtigkeit
    in Jesus Christus, deinem Sohn,
der mit dir und dem Heiligen Geist lebt in Ewigkeit.**

| LJ B: Evangelium | Mk 1,40–45: *Der Aussatz verschwand und der Mann war rein.* |

Eröffnungsgebet

**Gott,
du wendest dich den Menschen zu
und sendest deinen Sohn als Heiland der Welt.
Mache deine Kirche zu einem Ort,
an dem alle Menschen
als Brüder und Schwestern leben können.
Darum bitten wir durch ihn,
Jesus Christus, deinen Sohn,
der in der Einheit des Heiligen Geistes
mit dir lebt
jetzt und in Ewigkeit.**

| LJ C: Evangelium | Lk 6,17.20–26: *Selig, ihr Armen! – Weh euch, ihr Reichen!* |

Eröffnungsgebet

**Gott und Vater aller Menschen,
du bist allen nahe,
die ihre Hoffnung auf dich setzen.
Nimm von uns,
was uns bedrückt,
und tröste uns in aller Not.
Darum bitten wir durch Jesus Christus,
deinen Sohn, unseren Herrn,
der in der Einheit des Heiligen Geistes
mit dir lebt
jetzt und in Ewigkeit.**

7. Sonntag im Jahreskreis

Tagesgebet vom Sonntag

Eröffnungsgebet
Barmherziger Gott,
du hast durch deinen Sohn zu uns gesprochen.
Lass uns immer wieder über dein Wort nachsinnen,
    damit wir reden und tun, was dir gefällt.
Darum bitten wir durch ihn, Jesus Christus,
deinen Sohn, unseren Herrn und Gott,
der in der Einheit des Heiligen Geistes
    mit dir lebt und herrscht in alle Ewigkeit.   *MB 215*

Perikopenorationen

LJ A: Evangelium   Mt 5,38–48: *Ich aber sage euch: Liebt eure Feinde!*

Eröffnungsgebet
Gott, himmlischer Vater,
    in deinem Sohn ist uns deine Liebe erschienen.
Seine Hingabe ist für uns Leben und Heil.
In seinem Geist
    stärke unsere Liebe zu dir und zueinander.
Darum bitten wir durch ihn,
    Jesus Christus, unseren Herrn,
der mit dir und dem Heiligen Geist lebt
    von Ewigkeit zu Ewigkeit.

| LJ B: Evangelium | Mk 2,1–12: *Der Menschensohn hat die Vollmacht, hier auf der Erde die Sünden zu vergeben.* |

Eröffnungsgebet

Gott, voll Erbarmen und Güte,
Gleichgültigkeit und mangelnder Mut
    hindern uns oft
    anderen zu helfen.
Wir bitten dich:
Sende deinen Geist,
der uns Kraft gibt
    und zum Guten antreibt,
durch Jesus Christus,
    deinen Sohn, unseren Herrn,
der mit dir und dem Heiligen Geist lebt
    jetzt und in Ewigkeit.

| LJ C: Evangelium | Lk 6,27–38: *Seid barmherzig, wie es euer Vater ist.* |

Eröffnungsgebet

Barmherziger und gütiger Gott,
dein Sohn Jesus Christus
    ist uns vorausgegangen in der Liebe zu allen
    Menschen.
Hilf uns, seinem Beispiel zu folgen,
    damit wir den verheißenen Lohn empfangen.
Darum bitten wir durch ihn,
    Jesus Christus, deinen Sohn,
der in der Einheit des Heiligen Geistes
    mit dir lebt jetzt und in Ewigkeit.

8. Sonntag im Jahreskreis

Tagesgebet vom Sonntag

Eröffnungsgebet   **Allmächtiger Gott,**
deine Vorsehung bestimmt den Lauf der Dinge
und das Schicksal der Menschen.
Lenke die Welt in den Bahnen deiner Ordnung,
damit die Kirche
in Frieden deinen Auftrag erfüllen kann.
Darum bitten wir durch Jesus Christus,
deinen Sohn, unseren Herrn und Gott,
der in der Einheit des Heiligen Geistes
mit dir lebt und herrscht in alle Ewigkeit.   *MB 216*

Perikopenorationen

LJ A: Evangelium   Mt 6,24–34: Sorgt euch nicht um morgen.

Eröffnungsgebet   **Gott, Vater im Himmel,**
du weißt, was wir brauchen.
Stärke unseren Glauben an deine Nähe,
damit die täglichen Sorgen uns nicht erdrücken
und wir dir und den Menschen dienen können.
Darum bitten wir durch Jesus Christus,
deinen Sohn, unseren Herrn,
der in der Einheit des Heiligen Geistes
mit dir lebt in Ewigkeit.

LJ B: Evangelium Mk 2,18–22: *Der Bräutigam ist bei ihnen.*

Eröffnungsgebet **Gott,**
> **bei dem ewiger Jubel und Freude sind,**
du schenkst uns deine Gegenwart,
> **wenn wir uns hier versammeln.**
Öffne uns jetzt die Augen und Ohren,
damit wir dein Wort hören und verstehen
und in unseren Nächsten ihn erkennen,
> **deinen Sohn,**
> **unseren Herrn Jesus Christus,**
der mit dir und dem Heiligen Geist
> **lebt und herrscht**
in dieser Zeit und in Ewigkeit.

LJ C: Evangelium Lk 6,39–45: *Wovon das Herz voll ist, davon spricht der Mund.*

Eröffnungsgebet **Gott, Vater im Himmel,**
> **du hast uns dir zum Ebenbild erschaffen**
> **und siehst in unser Herz.**
Leite uns durch das Wort deines Sohnes,
damit unser Denken und Tun dir gefällt.
Darum bitten wir durch ihn,
> **Jesus Christus, deinen Sohn,**
> **unseren Herrn und Gott,**
der in der Einheit des Heiligen Geistes
> **mit dir lebt und herrscht in Ewigkeit.**

9. Sonntag im Jahreskreis

Tagesgebet vom Sonntag

Eröffnungsgebet **Gott, unser Vater,
deine Vorsehung geht niemals fehl.
Halte von uns fern, was uns schadet,
und gewähre uns alles, was zum Heile dient.
Darum bitten wir durch Jesus Christus,
deinen Sohn, unseren Herrn und Gott,
der in der Einheit des Heiligen Geistes
mit dir lebt und herrscht in alle Ewigkeit.**   *MB 217*

Perikopenorationen

LJ A: Evangelium   Mt 7,21–27: *Auf Fels gebaut – auf Sand gebaut*

Eröffnungsgebet **Gott, unser Vater,
du spricht zu uns in deinem Sohn.
Öffne unser Herz,
damit sein Wort in uns wohnen kann,
und unser Glaube standhält
in allen Stürmen des Lebens.
Darum bitten wir durch ihn,
Jesus Christus, deinen Sohn,
der mit dir und dem Heiligen Geist
lebt in Ewigkeit.**

| LJ B: Evangelium | Mk 2,23 – 3,6: *Der Menschensohn ist Herr auch über den Sabbat.* |

Eröffnungsgebet

Gott, unser Vater,
    dein Gebot gibt uns Weisung,
und frei wird, wer ihm folgt.
Schenke uns Einsicht in deinen Willen
und die Kraft zu vollbringen,
    was du von uns erwartest,
    dass deine Gebote uns Heil bringen.
durch unseren Herrn Jesus Christus, deinen Sohn,
    der mit dir und dem Heiligen Geist
    lebt und herrscht von Ewigkeit zu Ewigkeit.

| LJ C: Evangelium | Lk 7,1–10: *Nicht einmal in Israel habe ich einen solchen Glauben gefunden.* |

Eröffnungsgebet

Heiliger Gott,
    du machst uns würdig,
    vor dich zu treten und dir zu dienen.
Schau gnädig auf uns, deine Gemeinde.
Gib uns die rechten Worte,
    um zu beten,
und lass geschehen,
    was für uns gut ist.
Darum bitten wir durch Jesus Christus, unseren Herrn,
    der mit dir und dem Heiligen Geist
    lebt und herrscht in Ewigkeit.

10. Sonntag im Jahreskreis

Tagesgebet vom Sonntag

Eröffnungsgebet   **Gott, unser Vater,**
alles Gute kommt allein von dir.
Schenke uns deinen Geist,
     damit wir erkennen, was recht ist,
     und es mit deiner Hilfe auch tun.
Darum bitten wir durch Jesus Christus,
deinen Sohn, unseren Herrn und Gott,
der in der Einheit des Heiligen Geistes
     mit dir lebt und herrscht in alle Ewigkeit.   *MB 218*

Perikopenorationen

LJ A: Evangelium   Mt 9,9–13: *Ich bin gekommen, um die Sünder zu rufen, nicht die Ge-*
rechten.

Eröffnungsgebet   **Gott,**
     dein Sohn hat die Nähe der Sünder nicht gescheut.
Im Vertrauen auf ihn bitten wir dich:
Nimm uns an
und forme uns nach dem Bild deines Sohnes,
     unseres Herrn Jesus Christus,
der mit dir und dem Heiligen Geist
     lebt in Ewigkeit.

LJ B: Evangelium   Mk 3,20–35: *Das Reich des Satans hat keinen Bestand.*

Eröffnungsgebet   **Allmächtiger Gott,**
immer wieder erfahren wir den Einfluss des Bösen.
Gib uns die Kraft,
seiner Macht zu widerstehen,
damit dein Reich unter uns wachse.
Darum bitten wir durch unseren Herrn Jesus Christus,
deinen Sohn,
der mit dir und dem Heiligen Geist lebt
von Ewigkeit zu Ewigkeit.

LJ C: Evangelium   Lk 7,11–17: *Ich befehle dir, junger Mann: Steh auf!*

Eröffnungsgebet   **Gott des Lebens,**
du nimmst dich deines Volkes an
und schenkst Trost und Hoffnung.
Stärke uns im Glauben
an Christus, deinen Sohn,
der Leiden und Tod überwunden hat,
und der in der Einheit des Heiligen Geistes
mit dir lebt und herrscht
in alle Ewigkeit.

11. Sonntag im Jahreskreis

Tagesgebet vom Sonntag

Eröffnungsgebet   **Gott, du unsere Hoffnung und unsere Kraft,**
ohne dich vermögen wir nichts.
Steh uns mit deiner Gnade bei,
    damit wir denken, reden und tun,
      was dir gefällt.
Darum bitten wir durch Jesus Christus,
deinen Sohn, unseren Herrn und Gott,
der in der Einheit des Heiligen Geistes
    mit dir lebt und herrscht in alle Ewigkeit.   *MB 219*

Perikopenorationen

LJ A: Evangelium   Mt 9,36 – 10,8: *Jesus rief seine zwölf Jünger zu sich und sandte sie aus.*

Eröffnungsgebet   **Gott,**
    dein Sohn hatte Mitleid mit den Menschen.
Er hat seine Jünger ausgesandt,
    um die Not zu lindern.
Gib uns deinen Geist,
damit wir deine Liebe in die Welt tragen.
Darum bitten wir durch ihn,
    Jesus Christus, unseren Herrn,
    der mit dir und dem Heiligen Geist
    lebt und herrscht in Ewigkeit.

LJ B: Evangelium	Mk 4,26–34: *Das kleinste von allen Samenkörnern geht auf und wird größer als alle anderen Gewächse.*

Eröffnungsgebet

Unbegreiflicher Gott,
    in deiner Weisheit
      hast du die Schöpfung mit deiner Kraft erfüllt.
Lass den Samen deines Wortes
    in unseren Herzen aufgehen,
damit alle deine Größe erkennen
      und dich preisen
      mit deinem Sohn,
      unserem Herrn Jesus Christus,
der mit dir und dem Heiligen Geist lebt und herrscht
      jetzt und in Ewigkeit.

LJ C: Evangelium	Lk 7,36 – 8,3 (oder: Lk 7,36–50): *Ihr sind ihre vielen Sünden vergeben, weil sie mir so viel Liebe gezeigt hat.*

Eröffnungsgebet

Barmherziger Gott,
    du nimmst uns an,
    auch wenn wir versagen,
und du zeigst deine Größe im Verzeihen.
Schenke uns ein reumütiges Herz
und lass uns in der Liebe wachsen.
Darum bitten wir durch Jesus Christus,
    deinen Sohn, unseren Herrn und Erlöser,
der in der Einheit des Heiligen Geistes
    mit dir lebt
    jetzt und in Ewigkeit.

12. Sonntag im Jahreskreis

Tagesgebet vom Sonntag

Eröffnungsgebet   **Heiliger Gott,**
gib, dass wir deinen Namen allezeit
fürchten und lieben.
Denn du entziehst keinem deine väterliche Hand,
der fest in deiner Liebe verwurzelt ist.
Darum bitten wir durch Jesus Christus,
deinen Sohn, unseren Herrn und Gott,
der in der Einheit des Heiligen Geistes
mit dir lebt und herrscht in alle Ewigkeit.   *MB 221*

Perikopenorationen

LJ A: Evangelium   Mt 10,26–33: *Fürchtet euch nicht vor denen, die den Leib töten.*

Eröffnungsgebet   **Gott, unser Heiland,**
du Retter der Menschen.
Durch deinen Sohn Jesus
berufst du uns zu Zeugen deiner Nähe.
Lass uns dein Wort verstehen
und danach handeln.
Stärke uns,
dass wir ihn weiterschenken,
der im Wort der Heiligen Schrift gegenwärtig ist:
Jesus Christus, deinen Sohn,
der in der Einheit des Heiligen Geistes
mit dir lebt in Ewigkeit.

LJ B: Evangelium	Mk 4,35–41: *Was ist das für ein Mensch, dass ihm sogar der Wind und der See gehorchen?*

Eröffnungsgebet

Gott des Himmels und Erde,
> **du bist Herr der ganzen Schöpfung,**
in dir sind wir geborgen.
Nimm alle Angst von uns
und stärke unser Vertrauen
> **in deine rettende Kraft.**
Darum bitten wir durch Jesus Christus,
> **unseren Fürsprecher und Herrn,**
der mit dir und dem Heiligen Geist
> **lebt und herrscht,**
Gott von Ewigkeit zu Ewigkeit.

LJ C: Evangelium	Lk 9,18–24: *Du bist der Messias Gottes. Der Menschensohn muss vieles erleiden.*

Eröffnungsgebet

Gott,
> **in deinem Sohn Jesus Christus hast du uns**
> **den verheißenen Messias geschenkt.**
Durch Leiden und Tod ist er
> **zur Herrlichkeit der Auferstehung gelangt.**
Mache uns fähig,
> **dem Beispiel seiner Liebe zu folgen.**
Darum bitten wir durch ihn,
> **Jesus Christus, deinen Sohn,**
der in der Einheit des Heiligen Geistes
> **mit dir lebt**
> **jetzt und in Ewigkeit.**

13. Sonntag im Jahreskreis

Tagesgebet vom Sonntag

Eröffnungsgebet
**Gott, unser Vater,
du hast uns in der Taufe
     zu Kindern des Lichtes gemacht.
Lass nicht zu,
     dass die Finsternis des Irrtums
     über uns Macht gewinnt,
sondern hilf uns,
     im Licht deiner Wahrheit zu bleiben.
Darum bitten wir durch Jesus Christus,
deinen Sohn, unseren Herrn und Gott,
der in der Einheit des Heiligen Geistes
     mit dir lebt und herrscht in alle Ewigkeit.**   *MB 222*

Perikopenorationen

LJ A: Evangelium
Mt 10,37–42: *Wer nicht sein Kreuz auf sich nimmt, ist meiner nicht
würdig. – Wer euch aufnimmt, nimmt mich auf.*

Eröffnungsgebet
**Gerechter und guter Gott,
dein Sohn spricht zu uns:
     „Wer·nicht sein Kreuz auf sich nimmt,
     ist meiner nicht würdig.“
Gib uns die Kraft,
     unser Leben im Alltag zu bestehen,
und schenke uns einst die Herrlichkeit,
     die uns verheißen ist,
durch ihn, Jesus Christus, unseren Herrn,
der mit dir und dem Heiligen Geist
     lebt in alle Ewigkeit.**

LJ B: Evangelium Mk 5,21–43: *Mädchen, ich sage dir, steh auf!*

Eröffnungsgebet

Gott, Herr des Lebens,
 dein Sohn Jesus hat Kranke geheilt
 und Tote zum Leben erweckt.
Unsere ganze Hoffnung setzen wir auf dich.
Erhöre unsere Bitten
 und stärke uns durch dein Wort,
 Jesus Christus, deinen Sohn,
 der unser Heil und unsere Kraft ist
und der mit dir und dem Heiligen Geist lebt,
 Gott von Ewigkeit.

LJ C: Evangelium Lk 9,51–62: *Er entschloss sich, nach Jerusalem zu gehen. Ich will dir folgen, wohin du auch gehst.*

Eröffnungsgebet

Gott,
 immer wieder rufst du Menschen
 in die Nachfolge deines Sohnes,
damit dein Reich sich ausbreiten kann.
Wir bitten dich:
Nimm auch uns in deinen Dienst,
und lass uns mit Eifer tun,
 was du von uns erwartest.
Das gewähre uns durch ihn,
 Jesus Christus, deinen Sohn,
der in der Einheit des Heiligen Geistes
 mit dir lebt und herrscht in alle Ewigkeit.

14. Sonntag im Jahreskreis

Tagesgebet vom Sonntag

Eröffnungsgebet **Barmherziger Gott,
durch die Erniedrigung deines Sohnes
hast du die gefallene Menschheit wieder aufgerichtet
und aus der Knechtschaft der Sünde befreit.
Erfülle uns mit Freude über die Erlösung
und führe uns zur ewigen Seligkeit.
Darum bitten wir durch Jesus Christus,
deinen Sohn, unseren Herrn und Gott,
der in der Einheit des Heiligen Geistes
mit dir lebt und herrscht in alle Ewigkeit.** *MB 223*

Perikopenorationen

LJ A: Evangelium Mt 11,25–30: *Ich bin gütig und von Herzen demütig.*

Eröffnungsgebet **Gott und Vater,
Herr des Himmels und der Erde!
Wir kommen zu dir mit unseren Lasten –
um Ruhe zu finden für unsere Seele.
Schenke uns in dieser Feier deinen Geist,
damit wir den Weg zur ewigen Heimat finden
mit Jesus Christus, deinem Sohn,
der mit dir und dem Heiligen Geist
lebt in Ewigkeit.**

LJ B: Evangelium   Mk 6,1b-6: *Nirgends hat ein Prophet so wenig Ansehen wir in seiner Heimat.*

Eröffnungsgebet   **Gott,**
> **dein Sohn ist als Messias und Heiland**
> **zu uns Menschen gekommen.**
Er ist das Wort,
> **das du zu uns sprichst,**
er ist das Zeichen der Liebe,
> **die du uns schenkst.**
Stärke unseren Glauben,
damit wir sein Wort hören
> **und danach handeln.**
So bitten wir im Heiligen Geist durch ihn,
> **Jesus Christus, unseren Mittler und Herrn,**
> **der mit dir lebt in Ewigkeit.**

LJ C: Evangelium   Lk 10,1–12.17–20 (oder: Lk 10,1–9): *Der Friede, den ihr dem Haus wünscht, wird auf ihm ruhen.*

Eröffnungsgebet   **Gott,**
> **du willst unser Heil**
und sendest immer wieder Menschen,
> **dein Reich zu verkünden.**
Mache uns bereit,
> **deine Botschaft zu hören,**
dein Wort anzunehmen
und davon Zeugnis zu geben.
Darum bitten wir durch Jesus Christus, deinen Sohn,
> **der in der Einheit des Heiligen Geistes**
> **mit dir lebt in Ewigkeit.**

15. Sonntag im Jahreskreis

Tagesgebet vom Sonntag

Eröffnungsgebet   **Gott, du bist unser Ziel,
du zeigst den Irrenden das Licht der Wahrheit
und führst sie auf den rechten Weg zurück.
Gib allen, die sich Christen nennen, die Kraft,
      zu meiden, was diesem Namen widerspricht,
      und zu tun, was unserem Glauben entspricht.
Darum bitten wir durch Jesus Christus,
deinen Sohn, unseren Herrn und Gott,
der in der Einheit des Heiligen Geistes
      mit dir lebt und herrscht in alle Ewigkeit.**   *MB 224*

Perikopenorationen

LJ A: Evangelium   Mt 13,1–23: *Ein Sämann ging aufs Feld, um zu säen.*

Eröffnungsgebet   **Gott, unser Schöpfer,
      du hast dein Wort in unser Herz gelegt.
Gib, dass wir es hören und verstehen,
danach handeln
      und reiche Frucht bringen.
Darum bitten wir durch Jesus Christus, deinen Sohn,
der mit dir und dem Heiligen Geist
      lebt in Ewigkeit.**

LJ B: Evangelium	Mk 6,7–13: *Er begann, die Zwölf auszusenden.*
Eröffnungsgebet	

Gott, reich an Güte,
    in der Taufe hast du uns berufen,
    deine Zeugen zu sein.
Öffne unsere Herzen für deine Botschaft,
    damit wir sie glaubwürdig verkünden.
Darum bitten wir durch Jesus Christus,
    deinen Sohn, unseren Herrn,
der mit dir und dem Heiligen Geist lebt
    jetzt und in Ewigkeit.

LJ C: Evangelium	Lk 10,25–37: Wer ist mein Nächster?
Eröffnungsgebet	

Gütiger Gott,
    in deinem Sohn hast du uns dein Wort geschenkt.
Wir bitten dich:
Gib uns den Mut,
    seinem Beispiel zu folgen,
die Not der Menschen zu erkennen
und ihnen zu helfen.
Darum bitten wir im Heiligen Geist
    durch ihn, Jesus Christus, unseren Herrn.

16. Sonntag im Jahreskreis

Tagesgebet vom Sonntag

Eröffnungsgebet **Herr, unser Gott,
sieh gnädig auf alle,
die du in deinen Dienst gerufen hast.
Mach uns stark im Glauben,
in der Hoffnung und in der Liebe,
damit wir immer wachsam sind
und auf dem Weg deiner Gebote bleiben.
Darum bitten wir durch Jesus Christus,
deinen Sohn, unseren Herrn und Gott,
der in der Einheit des Heiligen Geistes
mit dir lebt und herrscht in alle Ewigkeit.** *MB 225*

Perikopenorationen

LJ A: Evangelium Mt 13,24–43: *Lasst beides wachsen bis zur Ernte.*

Eröffnungsgebet **Gott,
zu deinem Lob sind wir versammelt,
Frauen und Männer, Junge und Alte.
Jedem von uns
hast du deinen Geist eingepflanzt.
Lass den Samen deines Wortes
in uns aufgehen,
damit wir reiche Frucht bringen.
Darum bitten wir durch Jesus Christus,
der mit dir lebt
in der Einheit des Heiligen Geistes,
Gott von Ewigkeit zu Ewigkeit.**

LJ B: Evangelium Mk 6,30–34: *Sie waren wie Schafe, die keinen Hirten haben.*

Eröffnungsgebet **Gott, du Hirte deines Volkes,**
du hast Mitleid mit den Menschen
  und lehrst sie durch dein Wort.
Gib uns Ruhe und Geborgenheit
  in der Nachfolge deines Sohnes,
    unseres Herrn Jesus Christus,
der mit dir und dem Heiligen Geist
  lebt und herrscht in alle Ewigkeit.

LJ C: Evangelium Lk 10,38–42: *Marta nahm ihn freundlich auf. – Maria hat das Bessere gewählt.*

Eröffnungsgebet **Gütiger Gott,**
  in deinem Sohn Jesus Christus
    bist du uns nahe gekommen.
Gib, dass wir in den Sorgen des Alltags nicht aufgehen,
dein Wort nicht überhören
und das Notwendige tun.
Darum bitten wir im Heiligen Geist
durch ihn, Jesus Christus, deinen Sohn,
  der mit dir lebt
    jetzt und alle Tage und in Ewigkeit.

17. Sonntag im Jahreskreis

Tagesgebet vom Sonntag

Eröffnungsgebet   **Gott, du Beschützer aller, die auf dich hoffen,**
ohne dich ist nichts gesund und nichts heilig.
Führe uns in deinem Erbarmen den rechten Weg
und hilf uns,
      die vergänglichen Güter so zu gebrauchen,
      dass wir die ewigen nicht verlieren.
Darum bitten wir durch Jesus Christus,
deinen Sohn, unseren Herrn und Gott,
der in der Einheit des Heiligen Geistes
      mit dir lebt und herrscht in alle Ewigkeit.   *MB 227*

Perikopenorationen

LJ A: Evangelium   Mt 13,44–52: *Er verkaufte alles, was er besaß, und kaufte jenen Acker.*

Eröffnungsgebet   **Gott,**
      vieles treibt uns um
      und bewegt uns.
Gib uns ein weises und verständiges Herz,
      dass wir im vielen
      dich, den Einen, nicht verlieren.
Darum bitten wir dich, Gott und Vater,
      durch Christus, deinen Sohn,
mit dem du im Heiligen Geist
      lebst als der eine Gott in Ewigkeit.

LJ B: Evangelium | Joh 6,1–15: *Jesus teilte an die Leute aus, so viel sie wollten.*

Eröffnungsgebet

Gott, du Ursprung des Lebens,
du gibst uns Nahrung für Geist und Leib.
Erfülle uns mit deinem Wort
und lass es fruchtbar werden
in Taten der Liebe.
Darum bitten wir durch Jesus Christus,
deinen Sohn, unseren Herrn und Gott,
der mit dir und dem Heiligen Geist lebt
heute, alle Tage und in Ewigkeit.

LJ C: Evangelium | Lk 11,1–13: Bittet, dann wird euch gegeben.

Eröffnungsgebet

Gott, himmlischer Vater,
dein Sohn hat seine Jünger beten gelehrt.
Erhöre uns, wenn wir bitten,
lass uns den rechten Weg finden
und öffne uns die Tür zu deinem Reich.
Darum bitten wir durch ihn, Jesus Christus,
deinen Sohn, unseren Herrn,
der in der Einheit des Heiligen Geistes
mit dir lebt und herrscht
in alle Ewigkeit.

18. Sonntag im Jahreskreis

Tagesgebet vom Sonntag

Eröffnungsgebet **Gott, unser Vater,
steh deinen Dienern bei
und erweise allen, die zu dir rufen,
   Tag für Tag deine Liebe.
Du bist unser Schöpfer
   und der Lenker unseres Lebens.
Erneuere deine Gnade in uns,
   damit wir dir gefallen,
und erhalte, was du erneuert hast.
Darum bitten wir durch Jesus Christus,
deinen Sohn, unseren Herrn und Gott,
der in der Einheit des Heiligen Geistes
   mit dir lebt und herrscht in alle Ewigkeit.** *MB 228*

Perikopenorationen

LJ A: Evangelium Mt 14,13–21: Alle aßen und wurden satt.

Eröffnungsgebet **Gott, du Quelle allen Lebens,
   du teilst deine Gabe aus ohne Maß.
Öffne uns Ohr und Herz,
und sättige uns mit deinem Wort.
Darum beten wir zu dir, dem guten Vater,
in der Kraft des Heiligen Geistes,
durch Jesus Christus, unseren Herrn.**

LJ B: Evangelium   Joh 6,24–35: *Wer zu mir kommt, wird nie mehr hungern, und wer an mich glaubt, wird nie mehr Durst haben.*

Eröffnungsgebet   **Gütiger Gott,**
unser Hunger nach Leben
ist vielfältig und groß.
Stille ihn durch den,
der all unser Sehnen erfüllen will,
Jesus Christus, dein Sohn,
unser Herr und Gott,
der in der Einheit des Heiligen Geistes
mit dir lebt und herrscht in alle Ewigkeit.

LJ C: Evangelium   Lk 12,13–21: *Wem wird all das gehören, was du angehäuft hast?*

Eröffnungsgebet   **Gott,**
in deiner Hand liegt unsere Zukunft
und unser Geschick.
Lass uns erkennen,
was wirklich zählt,
damit wir reich werden
an Schätzen für das ewige Leben.
Darum bitten wir durch Jesus Christus, unseren Herrn,
der in der Einheit des Heiligen Geistes
mit dir lebt und herrscht in alle Ewigkeit.

19. Sonntag im Jahreskreis

Tagesgebet vom Sonntag

Eröffnungsgebet **Allmächtiger Gott,**
wir dürfen dich Vater nennen,
    denn du hast uns an Kindes statt angenommen
    und uns den Geist deines Sohnes gesandt.
Gib, dass wir in diesem Geist wachsen
und einst das verheißene Erbe empfangen.
Darum bitten wir durch Jesus Christus,
deinen Sohn, unseren Herrn und Gott,
der in der Einheit des Heiligen Geistes
    mit dir lebt und herrscht in alle Ewigkeit.   *MB 229*

Perikopenorationen

LJ A: Evangelium   Mt 14,22–33: *Herr, befiehl, dass ich auf dem Wasser zu dir komme!*

Eröffnungsgebet **Gott,**
    wir kommen voll Vertrauen zu dir,
    denn du hast uns beim Namen gerufen.
Gib dich zu erkennen
    im Wort der Frohen Botschaft
und hilf unserem schwachen Glauben auf.
Darum bitten wir dich
    in der Gemeinschaft des Heiligen Geistes
durch Jesus Christus, deinen Sohn,
    der mit dir lebt jetzt und in Ewigkeit.

LJ B: Evangelium	Joh 6,41–51: *Ich bin das lebendige Brot, das vom Himmel herabgekommen ist.*

Eröffnungsgebet

Gott und Vater,
niemand kann zu deinem Sohn kommen,
wenn nicht du ihn führst.
Öffne unsere Herzen,
dass wir auf dich hören
und ihn erkennen,
den du gesandt hast, Jesus Christus,
unseren Herrn und Gott,
der in der Einheit des Heiligen Geistes
mit dir lebt und herrscht in Ewigkeit.

LJ C: Evangelium	Lk 12,32–48 (oder: Lk 12,35–40): *Haltet auch ihr euch bereit!*

Eröffnungsgebet

Gott, unser Schöpfer,
wir kennen nicht den Tag,
und wissen nicht die Stunde,
zu der dein Sohn, unser Herr, wiederkommen wird.
Das Wort deiner Frohen Botschaft
mache uns wachsam für dich,
damit wir das Ziel unseres Lebens nicht verfehlen.
Darum bitten wir durch ihn, Jesus Christus,
deinen Sohn, unseren Herrn,
der in der Einheit des Heiligen Geistes
mit dir lebt und herrscht in Ewigkeit.

20. Sonntag im Jahreskreis

Tagesgebet vom Sonntag

Eröffnungsgebet   **Barmherziger Gott,**
was kein Auge geschaut und kein Ohr gehört hat,
das hast du denen bereitet, die dich lieben.
Gib uns ein Herz,
    das dich in allem und über alles liebt,
    damit wir den Reichtum deiner Verheißungen
    erlangen,
    der alles übersteigt, was wir ersehnen.
Darum bitten wir durch Jesus Christus,
deinen Sohn, unseren Herrn und Gott,
der in der Einheit des Heiligen Geistes
    mit dir lebt und herrscht in alle Ewigkeit.   *MB 231*

Perikopenorationen

LJ A: Evangelium   Mt 15,21–28: Frau, dein Glaube ist groß!

Eröffnungsgebet   **Aus allen Nationen, Herr, unser Gott,**
    sammelst du dir ein Volk.
Mach uns bereit,
    Mauern einzureißen, die Menschen trennen,
und schenke uns deine Liebe,
    die alle eint.
Darum bitten wir durch Jesus Christus, deinen Sohn,
der mit dir und dem Heiligen Geist
    lebt und herrscht jetzt und in Ewigkeit.

LJ B: Evangelium | Joh 6,51–58: *Mein Fleisch ist wirklich eine Speise, und mein Blut ist wirklich ein Trank.*

Eröffnungsgebet

Gütiger Gott,
  du gibst allen Geschöpfen
    Speise zur rechten Zeit.
Sättige uns durch das Wort deines Sohnes,
  in dem wir das Leben haben.
Darum bitten wir durch Jesus Christus,
  deinen Sohn, unseren Herrn und Gott,
der in der Einheit des Heiligen Geistes
  mit dir lebt und herrscht in Ewigkeit.

LJ C: Evangelium | Lk 12,49–53: *Ich bin nicht gekommen, um Frieden zu bringen, sondern Spaltung.*

Eröffnungsgebet

Gott,
  dein Wort fordert uns heraus
  und verlangt eine Antwort.
Gib uns die Kraft zur Entscheidung
und den Mut,
  dich vor den Menschen zu bekennen.
Darum bitten wir durch Jesus Christus,
  deinen Sohn, unseren Herrn und Gott,
der in der Einheit des Heiligen Geistes
  mit dir lebt und herrscht in alle Ewigkeit.

21. Sonntag im Jahreskreis

Tagesgebet vom Sonntag

Eröffnungsgebet   **Gott, unser Herr,**
        du verbindest alle, die an dich glauben,
           zum gemeinsamen Streben.
        Gib, dass wir lieben, was du befiehlst,
        und ersehnen, was du uns verheißen hast,
        damit in der Unbeständigkeit dieses Lebens
           unsere Herzen dort verankert seien,
           wo die wahren Freuden sind.
        Darum bitten wir durch Jesus Christus,
        deinen Sohn, unseren Herrn und Gott,
        der in der Einheit des Heiligen Geistes
           mit dir lebt und herrscht in alle Ewigkeit.   *MB 232*

Perikopenorationen

LJ A: Evangelium   Mt 16,13–20: *Du bist Petrus; ich werde dir die Schlüssel des Himmelrei-*
        ches geben.

Eröffnungsgebet   **Lebendiger Gott,**
        du hast uns zusammengerufen
        als deine Gemeinde.
    Wir begegnen deinem Sohn in seinem Wort
    und feiern seine Gegenwart.
    Öffne uns für die Frohe Botschaft
    und schenke uns Gemeinschaft mit dir.
    Darum bitten wir durch ihn,
        Jesus Christus, deinen Sohn,
    der mit dir und dem Heiligen Geist
        lebt in Ewigkeit.

LJ B: Evangelium	Joh 6,60–69: *Herr, zu wem sollen wir gehen? Du hast Worte des ewigen Lebens.*

Eröffnungsgebet

Heiliger Gott,
    durch das Wort, das dein Sohn Jesus Christus
    zu uns gesprochen hat,
    spendest du Geist und Leben.
Stärke unseren Glauben,
damit wir nie von ihm getrennt werden.
Das gewähre uns durch ihn,
    Jesus Christus, deinen Sohn,
der in der Einheit des Heiligen Geistes
    mit dir lebt in Ewigkeit.

LJ C: Evangelium	Lk 13,22–30: *Man wird von Osten und Westen und von Norden und Süden kommen und im Reich Gottes zu Tisch sitzen.*

Eröffnungsgebet

Gott, unser Vater,
    du rufst die Menschen in dein Reich.
Sende uns deinen Geist,
damit wir dein Wort hören,
es verstehen und befolgen
und einst zu dir gelangen
    mit Jesus Christus, deinem Sohn,
der in der Einheit des Heiligen Geistes
    mit dir lebt in Ewigkeit.

22. Sonntag im Jahreskreis

Tagesgebet vom Sonntag

Eröffnungsgebet

**Allmächtiger Gott,
von dir kommt alles Gute.
Pflanze in unser Herz
die Liebe zu deinem Namen ein.
Binde uns immer mehr an dich,
damit in uns wächst,
was gut und heilig ist.
Wache über uns und erhalte, was du gewirkt hast.
Darum bitten wir durch Jesus Christus,
deinen Sohn, unseren Herrn und Gott,
der in der Einheit des Heiligen Geistes
mit dir lebt und herrscht in alle Ewigkeit.** *MB 233*

Perikopenorationen

LJ A: Evangelium   Mt 16,21–27: *Wer mein Jünger sein will, der verleugne sich selbst.*

Eröffnungsgebet

**Gott, unser Vater,
wir haben uns versammelt,
um dir in deinem Wort
und mit unserem Gebet zu begegnen.
Erneuere unser Denken
und gib uns die Kraft,
den Weg zu gehen, den du uns zeigst
durch Jesus Christus, deinen Sohn,
der mit dir und dem Heiligen Geist
lebt in Ewigkeit.**

| LJ B: Evangelium | Mk 7,1–8.14–15.21–23: *Ihr gebt Gottes Gebote preis und haltet euch an die Überlieferung der Menschen.* |

Eröffnungsgebet

Guter Gott,
 du bist langmütig
 und reich an Erbarmen.
Du hast uns in deinen Dienst gerufen.
Du willst,
 dass wir dich mit ganzem Herzen lieben.
Entferne das Böse und das Verhärtete
 und mach uns rein.
Darum bitten wir durch Jesus Christus, deinen Sohn,
 der mit dir und dem Heiligen Geist lebt
 in alle Ewigkeit.

| LJ C: Evangelium | Lk 14,1.7–14: *Wer sich selbst erhöht, wird erniedrigt, und wer sich selbst erniedrigt, wird erhöht werden.* |

Eröffnungsgebet

Gütiger Gott,
 dein Sohn ist gekommen, um zu dienen
und ist uns vorausgegangen auf dem Weg zu dir.
Gib uns die Kraft,
 seinem Beispiel zu folgen,
und lass uns Aufnahme finden
 in deinem Reich.
Darum bitten wir durch ihn,
 Jesus Christus, deinen Sohn,
der in der Einheit des Heiligen Geistes
 mit dir lebt in Ewigkeit.

23. Sonntag im Jahreskreis

Tagesgebet vom Sonntag

Eröffnungsgebet **Gütiger Gott,
du hast uns durch deinen Sohn erlöst
und als deine geliebten Kinder angenommen.
Sieh voll Güte auf alle,
    die an Christus glauben,
und schenke ihnen die wahre Freiheit
    und das ewige Erbe.
Darum bitten wir durch Jesus Christus,
deinen Sohn, unseren Herrn und Gott,
der in der Einheit des Heiligen Geistes
    mit dir lebt und herrscht in alle Ewigkeit.**   *MB 234*

Perikopenorationen

LJ A: Evangelium   Mt 18,15–20: *Wenn dein Bruder auf dich hört, so hast du ihn zurückge-
wonnen.*

Eröffnungsgebet **Gott,
    wenn wir uns in deinem Namen versammeln,
    bist du mitten unter uns.
Zeige uns Wege zur Umkehr
und mache uns fähig zu wahrer Gemeinschaft
    mit dir und untereinander.
Darum bitten wir dich durch Jesus Christus, deinen Sohn,
der mit dir und dem Heiligen Geist,
    lebt in Ewigkeit.**

LJ B: Evangelium	Mk 7,31–37: *Er macht, dass die Tauben hören und die Stummen sprechen.*

Eröffnungsgebet

**Gott,
du gibst Tauben das Gehör
und Stummen die Sprache.
Wir bitten dich:
Öffne unsere Ohren für dein Wort,
löse unsere Zunge für dein Lob.
Entzünde das Herz für dich und deine Geschöpfe,
damit wir dich rühmen und preisen
durch Jesus Christus, deinen Sohn,
der mit dir und dem Heiligen Geist lebt
jetzt und in Ewigkeit.**

LJ C: Evangelium	Lk 14,25–33: *Keiner von euch kann mein Jünger sein, wenn er nicht auf seinen ganzen Besitz verzichtet.*

Eröffnungsgebet

**Gütiger Gott,
dein Sohn hat deinen Willen in allem erfüllt.
Er hat Kreuz und Leiden auf sich genommen.
Zeige uns den Weg,
den wir heute gehen müssen,
um ihm nachzufolgen
und Anteil zu erhalten an seinem Reich.
Darum bitten wir dich durch ihn,
Jesus Christus, unseren Herrn,
der mit dir und dem Heiligen Geist
lebt in alle Ewigkeit.**

24. Sonntag im Jahreskreis

Tagesgebet vom Sonntag

Eröffnungsgebet   **Gott, du Schöpfer und Lenker aller Dinge,**
                   sieh gnädig auf uns.
                   Gib, dass wir dir mit ganzem Herzen dienen
                   und die Macht deiner Liebe an uns erfahren.
                   Darum bitten wir durch Jesus Christus,
                   deinen Sohn, unseren Herrn und Gott,
                   der in der Einheit des Heiligen Geistes
                   mit dir lebt und herrscht in alle Ewigkeit.   *MB 236*

Perikopenorationen

LJ A: Evangelium   Mt 18,21–35: *Nicht nur siebenmal musst du vergeben, sondern siebenundsiebzigmal.*

Eröffnungsgebet   **Gott,**
                   du bist groß im Erbarmen
                   und schenkst Gnade und Vergebung.
                   Gib auch uns die Kraft zu verzeihen,
                   wenn Menschen an uns schuldig werden.
                   Darum bitten wir durch deinen Sohn,
                   unseren Herrn Jesus Christus,
                   der mit dir und dem Heiligen Geist
                   lebt und herrscht in Ewigkeit.

LJ B: Evangelium   Mk 8,27–35: *Du bist der Messias. – Der Menschensohn muss vieles erleiden.*

Eröffnungsgebet   **Herr, unser Gott,**
    in der Gegenwart deines Sohnes
    haben wir uns versammelt als deine Gemeinde.
Gib, dass wir ihn als deinen Sohn erkennen
und ihn bekennen als Messias,
    den du gesandt hast zu unserem Heil.
Darum bitten wir durch ihn,
    Jesus Christus, deinen Sohn,
der mit dir und dem Heiligen Geist lebt
    jetzt und in Ewigkeit.

LJ C: Evangelium   Lk 15,1–32: *Im Himmel wird mehr Freude sein über einen einzigen Sünder, der umkehrt.*

Eröffnungsgebet   **Barmherziger Gott,**
    dein Sohn ist gekommen,
    um zu suchen, was verloren ist.
Gib, dass wir auf seine Stimme hören
und den Mut finden umzukehren,
    wenn wir auf falschen Wegen sind.
Darum bitten wir durch ihn,
    Jesus Christus, deinen Sohn,
der in der Einheit des Heiligen Geistes
    mit dir lebt jetzt und in Ewigkeit.

25. Sonntag im Jahreskreis

Tagesgebet vom Sonntag

Eröffnungsgebet   **Heiliger Gott,**
                       du hast uns das Gebot der Liebe
                         zu dir und zu unserem Nächsten aufgetragen
                         als die Erfüllung des ganzen Gesetzes.
                       Gib uns die Kraft,
                         dieses Gebot treu zu befolgen,
                         damit wir das ewige Leben erlangen.
                       Darum bitten wir durch Jesus Christus,
                       deinen Sohn, unseren Herrn und Gott,
                       der in der Einheit des Heiligen Geistes
                         mit dir lebt und herrscht in alle Ewigkeit.   *MB 237*

Perikopenorationen

LJ A: Evangelium   Mt 20,1–16: *Bist du neidisch, weil ich zu anderen gütig bin.*

Eröffnungsgebet   **Gütiger Gott,**
                       du liebst die Menschen
                       und schenkst ihnen Gaben nach deinem Maß.
                     Lass uns deine Wege erkennen
                       und ihnen folgen,
                     damit wir auf ewig bei Christus sind,
                     der mit dir und dem Heiligen Geist
                       lebt und herrscht in Ewigkeit.

LJ B: Evangelium   Mk 9,30–37: *Der Menschensohn wird den Menschen ausgeliefert. Wer der Erste sein will, soll der Diener aller sein.*

Eröffnungsgebet   **Gott,**
    du hast deinen Sohn in die Welt gesandt
    als Diener aller.
In ihm schenkst du uns deine Gegenwart.
Gib, dass wir sein Wort verstehen
und seinem Beispiel folgen.
Darum bitten wir durch ihn,
    Jesus Christus, unseren Herrn,
der in der Einheit des Heiligen Geistes
    mit dir lebt und herrscht in Ewigkeit.

LJ C: Evangelium   Lk 16,1–13 (oder: Lk 16,10–13): *Ihr könnt nicht beiden dienen, Gott und dem Mammon.*

Eröffnungsgebet   **Herr, unser Gott,**
    du willst, dass wir dir allein dienen
und in allem dich suchen.
Lass uns treu bewahren,
    was uns anvertraut ist,
damit uns einst deine Fülle zuteil wird.
Darum bitten wir durch Jesus Christus,
    deinen Sohn, unseren Herrn,
der in der Einheit des Heiligen Geistes
    mit dir lebt und herrscht in alle Ewigkeit.

26. Sonntag im Jahreskreis

Tagesgebet vom Sonntag

Eröffnungsgebet   **Großer Gott,
du offenbarst deine Macht vor allem
    im Erbarmen und im Verschonen.
Darum nimm uns in Gnaden auf,
    wenn uns auch Schuld belastet.
Gib, dass wir unseren Lauf vollenden
    und zur Herrlichkeit des Himmels gelangen.
Darum bitten wir durch Jesus Christus,
deinen Sohn, unseren Herrn und Gott,
der in der Einheit des Heiligen Geistes
    mit dir lebt und herrscht in alle Ewigkeit.**   *MB 238*

Perikopenorationen

LJ A: Evangelium   Mt 21,28–32: *Später reute es ihn, und er ging doch. – Zöllner und Dir-
nen gelangen eher in das Reich Gottes als ihr.*

Eröffnungsgebet   **Barmherziger Gott,
auch wenn wir schuldig geworden sind,
    lässt du uns nicht fallen.
Gib uns die Kraft zur Umkehr
und den Mut,
    deinem Willen zu folgen.
So bitten wir im Heiligen Geist
durch Jesus Christus, deinen Sohn,
    der mit dir lebt in alle Ewigkeit.**

LJ B: Evangelium	Mk 9,38–43.45.47–48: *Wer nicht gegen uns ist, der ist für uns. Wenn dich deine Hand zum Bösen verführt, dann hau sie ab!*

Eröffnungsgebet	**Gott, unser Vater,**
	    du zeigst uns in deinem Sohn
	    den Weg zum Leben.
	Nimm alles von uns,
	    was uns von ihm trennt,
	damit wir nie die Gemeinschaft verlieren
	    mit ihm, unserem Herrn Jesus Christus,
	der in der Einheit des Heiligen Geistes
	    mit dir lebt und herrscht in Ewigkeit.

LJ C: Evangelium	Lk 16,19–31: *Lazarus wird jetzt getröstet, du aber musst leiden.*

Eröffnungsgebet	**Gnädiger Gott,**
	    unser Richter und unser Heil,
	du kennst unsere Gedanken
	    und weißt um unsere Schwachheit.
	Öffne uns die Augen für die Not der Armen
	und mache uns hellhörig für deinen Ruf.
	Darum bitten wir durch Jesus Christus, deinen Sohn,
	    der in der Einheit des Heiligen Geistes
	    mit dir lebt
	    heute und alle Tage und in Ewigkeit.

27. Sonntag im Jahreskreis

Tagesgebet vom Sonntag

Eröffnungsgebet   **Allmächtiger Gott,**
    du gibst uns in deiner Güte mehr,
    als wir verdienen,
und Größeres, als wir erbitten.
Nimm weg, was unser Gewissen belastet,
und schenke uns jenen Frieden,
    den nur deine Barmherzigkeit geben kann.
Darum bitten wir durch Jesus Christus,
deinen Sohn, unseren Herrn und Gott,
der in der Einheit des Heiligen Geistes
    mit dir lebt und herrscht in alle Ewigkeit.   *MB 239*

Perikopenorationen

LJ A: Evangelium   Mt 21,33–44: *Er wird den Weinberg an andere Winzer verpachten.*

Eröffnungsgebet   **Gott,**
    du hast uns angenommen als deine Kinder,
    wir sind dein Eigen.
Mache uns zu Zeugen deiner Liebe,
damit alle Menschen dich als Vater erkennen.
Darum bitten wir durch Jesus Christus, deinen Sohn,
mit dem dir Lobpreis und Ehre gebührt
    in der Einheit des Heiligen Geistes,
Gott von Ewigkeit zu Ewigkeit.

LJ B: Evangelium	Mk 10,2–16: *Was Gott verbunden hat, das darf der Menschen nicht trennen.*

Eröffnungsgebet

Vater im Himmel,
    du hast uns als deine Kinder angenommen
und uns dein Reich verheißen.
Nimm unser Beten und Arbeiten an
und begleite unser Tun mit deinem Segen.
Darum bitten wir durch Jesus Christus,
    deinen Sohn, unseren Herrn und Bruder,
der in der Einheit des Heiligen Geistes
    mit dir lebt jetzt und in Ewigkeit.

LJ C: Evangelium	Lk 17,5–10: *Wäre euer Glaube auch nur so groß wie ein Senfkorn!*

Eröffnungsgebet

Herr, unser Gott,
    du lädst uns ein,
        teilzuhaben am Werk der Erlösung.
Mehre unseren Glauben,
stärke unsere Hoffnung
und entzünde in uns deine Liebe,
damit wir treu erfunden werden in deinem Dienst.
Darum bitten wir durch Jesus Christus, deinen Sohn,
    der in der Einheit des Heiligen Geistes
        mit dir lebt in Ewigkeit.

28. Sonntag im Jahreskreis

Tagesgebet vom Sonntag

Eröffnungsgebet **Herr, unser Gott,**
    deine Gnade komme uns zuvor
    und begleite uns,
damit wir dein Wort im Herzen bewahren
und immer bereit sind, das Gute zu tun.
Darum bitten wir durch Jesus Christus,
deinen Sohn, unseren Herrn und Gott,
der in der Einheit des Heiligen Geistes
    mit dir lebt und herrscht in alle Ewigkeit.   *MB 241*

Perikopenorationen

LJ A: Evangelium Mt 22,1–14: *Ladet alle, die ihr trefft, zur Hochzeit ein!*

Eröffnungsgebet **Gott, überreich an Güte,**
    du deckst uns den Tisch deines Wortes
und hältst Gaben in Fülle bereit.
Wir bitten dich:
Lass uns würdige Gäste sein
und dich immerdar loben und preisen
    im Heiligen Geist
    durch Jesus Christus, unsern Herrn.

LJ B: Evangelium	Mk 10,17–30: *Verkaufe, was du hast, und folge mir nach!*

Eröffnungsgebet

Treuer Gott,
 du willst, dass alle Menschen gerettet werden.
Hilf uns,
 dass wir unser Leben ganz auf dich ausrichten,
und führe uns auf dem Weg deiner Gebote.
So bitten wir im Heiligen Geist
durch Jesus Christus, deinen Sohn, unseren Herrn,
 der mit dir lebt in Ewigkeit.

LJ C: Evangelium	Lk 17,11–19: *Ist keiner umgekehrt, um Gott zu ehren, außer diesem Fremden?*

Eröffnungsgebet

Lebendiger Gott,
 du heilst, was verwundet ist,
und richtest auf, was darniederliegt.
Stärke unser Vertrauen auf dich
und erfülle uns mit Dankbarkeit
 für das, was du uns schenkst,
durch Jesus Christus, deinen Sohn,
 unseren Herrn und Heiland,
der in der Einheit des Heiligen Geistes
 mit dir lebt in Ewigkeit.

29. Sonntag im Jahreskreis

Tagesgebet vom Sonntag

Eröffnungsgebet

**Allmächtiger Gott,
du bist unser Herr und Gebieter.
Mach unseren Willen bereit,
deinen Weisungen zu folgen,
und gib uns ein Herz, das dir aufrichtig dient.
Darum bitten wir durch Jesus Christus,
deinen Sohn, unseren Herrn und Gott,
der in der Einheit des Heiligen Geistes
mit dir lebt und herrscht in alle Ewigkeit.**   *MB 242*

Perikopenorationen

LJ A: Evangelium   Mt 22,15–21: *Gebt dem Kaiser, was dem Kaiser gehört, und Gott, was Gott gehört.*

Eröffnungsgebet

**Gott, Schöpfer des Himmels und der Erde,
alles ist dein Eigen,
du bist Herr über die ganze Welt.
Wir bitten dich:
Schaffe Raum
deinem Reich der Gerechtigkeit und Liebe,
damit alle Menschen deine Größe preisen.
Darum bitten wir durch Jesus Christus, deinen Sohn,
der mit dir lebt und die Welt regiert
in der Einheit des Heiligen Geistes,
Gott von Ewigkeit zu Ewigkeit.**

LJ B: Evangelium	Mk 10,35–45: *Der Menschensohn ist gekommen, um sein Leben hinzugeben als Lösegeld für viele.*

Eröffnungsgebet

Gütiger Gott,
    allen Menschen
      hast du die gleiche Würde geschenkt.
Hilf uns,
    als deine Kinder zu leben,
uns gegenseitig anzunehmen
    als Brüder und Schwestern
und einander zu dienen.
Darum bitten wir durch Jesus Christus, unseren Herrn,
der in der Einheit des Heiligen Geistes
    mit dir lebt in Ewigkeit.

LJ C: Evangelium	Lk 18,1–8: *Sollte Gott seinen Auserwählten, die zu ihm schreien, nicht zu ihrem Recht verhelfen?*

Eröffnungsgebet

Gott,
    du erhörst die Bitten derer,
    die zu dir rufen.
Höre auch unser Gebet
und gib uns einen beharrlichen Glauben,
durch Jesus Christus, deinen Sohn,
    unseren Herrn und Gott,
der mit dir und dem Heiligen Geist lebt
    jetzt und alle Tage und in Ewigkeit.

30. Sonntag im Jahreskreis

Tagesgebet vom Sonntag

Eröffnungsgebet   **Allmächtiger, ewiger Gott,**
mehre in uns den Glauben, die Hoffnung und die Liebe.
Gib uns die Gnade,
    zu lieben, was du gebietest,
damit wir erlangen, was du verheißen hast.
Darum bitten wir durch Jesus Christus,
deinen Sohn, unseren Herrn und Gott,
der in der Einheit des Heiligen Geistes
    mit dir lebt und herrscht in alle Ewigkeit.   *MB 243*

Perikopenorationen

LJ A: Evangelium   Mt 22,34–40: *Du sollst den Herrn, deinen Gott, lieben; deinen Nächsten sollst du lieben wie dich selbst.*

Eröffnungsgebet   **Gott,**
    du hast uns das Gebot der Liebe aufgetragen
    als Erfüllung des ganzen Gesetzes.
Öffne uns Augen und Herzen
    für die Spuren deiner Liebe
und lass uns weitergeben,
    was uns geschenkt ist.
Das erbitten wir im Heiligen Geist
durch Jesus Christus, unsern Herrn,
    der mit dir lebt
    von Ewigkeit zu Ewigkeit.

| LJ B: Evangelium | Mk 10,46–52: *Rabbuni, ich möchte wieder sehen können.* |

Eröffnungsgebet

Guter Gott,
    in Jesus Christus schenkst du uns
      deine ganze Liebe.
Öffne uns die Augen,
dass wir ihn als unseren Heiland erkennen
und ihm folgen auf seinem Weg.
Darum bitten wir durch ihn,
    Jesus Christus, deinen Sohn,
      unseren Herrn und Gott,
der in der Einheit des Heiligen Geistes
    mit dir lebt in Ewigkeit.

| LJ C: Evangelium | Lk 18,9–14: *Der Zöllner kehrte als Gerechter nach Hause zurück, der Pharisäer nicht.* |

Eröffnungsgebet

Gott,
    in Güte und Weisheit
      blickst du in die Herzen der Menschen.
Schenke uns den Geist kindlicher Demut,
damit wir vor dir bestehen können
und unser Beten dir gefällt.
Darum bitten wir durch Jesus Christus,
    deinen Sohn, unseren Herrn und Gott,
der in der Einheit des Heiligen Geistes
    mit dir lebt in Ewigkeit.

31. Sonntag im Jahreskreis

Tagesgebet vom Sonntag

Eröffnungsgebet   **Allmächtiger, barmherziger Gott,
es ist deine Gabe und dein Werk,
wenn das gläubige Volk
dir würdig und aufrichtig dient.
Nimm alles von uns,
was uns auf dem Weg zu dir aufhält,
damit wir ungehindert der Freude entgegeneilen,
die du uns verheißen hast.
Darum bitten wir durch Jesus Christus,
deinen Sohn, unseren Herrn und Gott,
der in der Einheit des Heiligen Geistes
mit dir lebt und herrscht in alle Ewigkeit.**   *MB 244*

Perikopenorationen

LJ A: Evangelium   Mt 23,1–12: *Sie reden nur, tun selbst aber nicht, was sie sagen.*

Eröffnungsgebet   **Gott, unser Vater,
in deinem Sohn
hast du uns einen verlässlichen Lehrer gegeben.
Lass uns verstehen,
was er uns sagt,
und Zeugnis ablegen für ihn,
unseren Herrn Jesus Christus,
der mit dir und dem Heiligen Geist
lebt und herrscht in Ewigkeit.**

LJ B: Evangelium

Mk 12,28b-34: *Du sollst den Herrn, deinen Gott, lieben; du sollst deinen Nächsten lieben wie dich selbst.*

Eröffnungsgebet

Gott,
  du willst, dass wir dich lieben
  aus ganzem Herzen und mit ganzer Seele.
Hilf uns,
  deinen Willen zu erfüllen,
damit wir Anteil haben an deinem Reich.
Darum bitten wir durch Jesus Christus,
  deinen Sohn, unseren Herrn,
der mit dir und dem Heiligen Geist lebt,
  jetzt und in Ewigkeit.

LJ C: Evangelium

Lk 19,1–10: *Der Menschensohn ist gekommen, um zu suchen und zu retten, was verloren ist.*

Eröffnungsgebet

Barmherziger Gott,
  du hast deinen Sohn in die Welt gesandt,
  um zu retten, was verloren ist.
Schau auf unser Leben
  und wandle uns
  nach dem Beispiel deines Sohnes,
damit wir zur ewigen Gemeinschaft gelangen
  mit ihm, Jesus Christus,
der in der Einheit des Heiligen Geistes
  mit dir lebt und herrscht in alle Ewigkeit.

32. Sonntag im Jahreskreis

Tagesgebet vom Sonntag

Eröffnungsgebet

**Allmächtiger und barmherziger Gott,
wir sind dein Eigentum,
du hast uns in deine Hand geschrieben.
Halte von uns fern, was uns gefährdet,
und nimm weg,
was uns an Seele und Leib bedrückt,
damit wir freien Herzens deinen Willen tun.
Darum bitten wir durch Jesus Christus,
deinen Sohn, unseren Herrn und Gott,
der in der Einheit des Heiligen Geistes
mit dir lebt und herrscht in alle Ewigkeit.**

MB 246

Perikopenorationen

Evangelium

Mt 25,1–13: *Der Bräutigam kommt! Geht ihm entgegen!*

Eröffnungsgebet

**Herr, unser Gott,
du Grund unserer Hoffnung.
Wir haben uns versammelt
und feiern deine Gegenwart.
Halte uns wach in der Erwartung deines Sohnes,
damit wir ihm entgegengehen,
wenn er kommt:
Jesus Christus, unser Herr,
der mit dir und dem Heiligen Geist
lebt und herrscht in Ewigkeit.**

LJ B: Evangelium	Mk 12,38–44: *Diese arme Witwe hat mehr in den Opferkasten hinein-geworfen als alle andern.*

Eröffnungsgebet

Gott,
>**du siehst in unser Herz,**
>**du kennst unseren guten Willen**
>>**und weißt um unser Versagen.**
>**Wir bitten dich:**
>**Bewahre uns vor falschem Schein**
>**und stärke unser Verlangen**
>>**nach dir und deinem Wort.**
>**So bitten wir durch Jesus Christus, deinen Sohn,**
>>**der mit dir und dem Heiligen Geist**
>>**lebt und herrscht in Ewigkeit.**

LJ C: Evangelium	Lk 20,27–38: *Er ist kein Gott von Toten, sondern von Lebenden.*

Eröffnungsgebet

Gott des Lebens,
>**du hast den Menschen erschaffen,**
>>**dass er Ruhe finde in dir.**
>**Stärke unseren Glauben,**
>**damit wir in Christus leben**
>**und in ihm die Erfüllung unserer Hoffnung finden.**
>**So bitten wir durch ihn,**
>>**Jesus Christus, deinen Sohn,**
>**der in der Einheit des Heiligen Geistes**
>>**mit dir lebt in Ewigkeit.**

33. Sonntag im Jahreskreis

Tagesgebet vom Sonntag

Eröffnungsgebet   **Gott, du Urheber alles Guten,**
du bist unser Herr.
Lass uns begreifen,
    dass wir frei werden,
      wenn wir uns deinem Willen unterwerfen,
und dass wir die vollkommene Freude finden,
    wenn wir in deinem Dienst treu bleiben.
Darum bitten wir durch Jesus Christus,
deinen Sohn, unseren Herrn und Gott,
der in der Einheit des Heiligen Geistes
    mit dir lebt und herrscht in alle Ewigkeit.   *MB 247*

Perikopenorationen

LJ A: Evangelium   Mt 25,14–30: *Du bist im Kleinen ein treuer Verwalter gewesen; nimm*
teil an der Freude deines Herrn!

Eröffnungsgebet   **Allmächtiger Gott,**
    du beschenkst deine Geschöpfe
      mit vielfältigen Gaben.
Lass uns erkennen,
    was du von uns willst,
und gib uns die Kraft,
    zu tun, was du von uns erwartest.
Darum bitten wir dich
    durch unseren Herrn Jesus Christus, deinen Sohn,
der mit dir lebt und herrscht
    in der Einheit des Heiligen Geistes,
Gott von Ewigkeit zu Ewigkeit.

LJ B: Evangelium Mk 13,24–32: *Er wird die von ihm Auserwählten aus allen vier Wind-richtungen zusammenführen.*

Eröffnungsgebet **Gott, unsere Hoffnung,**
  du allein kennst die Stunde,
  in der du alles vollenden wirst.
Wecke uns aus trügerischer Sicherheit,
damit wir auf deine Zeichen achten
und bereit sind für die Wiederkunft deines Sohnes,
  unseres Herrn Jesus Christus,
der in der Einheit des Heiligen Geistes
  mit dir lebt und regiert in Ewigkeit.

LJ C: Evangelium Lk 21,5–19: *Wenn ihr standhaft bleibt, werdet ihr das Leben gewinnen.*

Eröffnungsgebet **Ewiger Gott,**
  du bist der Ursprung
  und die Erfüllung unseres Lebens.
Schenke uns deine Gnade,
  damit wir standhaft bleiben im Glauben
und Zeugnis ablegen für dich.
Darum bitten wir durch unseren Herrn
  Jesus Christus, deinen Sohn,
der in der Einheit des Heiligen Geistes
  mit dir lebt und herrscht in Ewigkeit.

34. Sonntag im Jahreskreis

Christkönigssonntag

Tagesgebet vom Sonntag

Eröffnungsgebet   **Gott, unser Vater,**
erwecke deine Gläubigen zu neuem Eifer,
damit das Werk deines Erbarmens
    in unserem Leben reiche Frucht trägt
und wir einst die Fülle des Heils empfangen.
Darum bitten wir durch Jesus Christus,
deinen Sohn, unseren Herrn und Gott,
der in der Einheit des Heiligen Geistes
    mit dir lebt und herrscht in alle Ewigkeit.   *MB 248*

Perikopenorationen

LJ A: Evangelium   Mt 25,31–46: *Der Menschensohn wird sich auf den Thron seiner Herrlichkeit setzen, und er wird die Menschen voneinander scheiden.*

Eröffnungsgebet   **Allmächtiger Gott,**
    dein Sohn ist uns zum Bruder geworden
und sitzt zu deiner Rechten.
Hilf uns,
    in dieser Zeit seiner Weisung zu folgen,
damit wir einst aufgenommen werden
    in sein Reich.
Darum bitten wir durch ihn,
    Jesus Christus, deinen Sohn,
der mit dir lebt und herrscht
    in der Einheit des Heiligen Geistes,
Gott von Ewigkeit zu Ewigkeit.

| LJ B: Evangelium | Joh 18,33b-37: *Du sagst es, ich bin ein König.* |

Eröffnungsgebet

Gott, du Herrscher des Alls,
in deinem Sohn
 ist dein Reich unter uns angebrochen:
das Reich der Gerechtigkeit,
 der Liebe und des Friedens.
Mach uns bereit,
 auf dein Wort zu hören,
damit deine Herrschaft wachse in dieser Welt.
Darum bitten wir dich durch ihn,
 Jesus Christus, deinen Sohn,
 unseren Herrn und König,
der mit dir lebt und herrscht
 in der Einheit des Heiligen Geistes,
heute und alle Tage und in Ewigkeit.

| LJ C: Evangelium | Lk 23,35–43: *Jesus, denk an mich, wenn du in deiner Macht als König kommst.* |

Eröffnungsgebet

Allmächtiger, ewiger Gott,
 dein geliebter Sohn
 hat uns durch seinen Tod am Kreuz erlöst.
Du hast ihn zum Haupt der ganzen Schöpfung gemacht,
 um durch ihn alles zu versöhnen.
Wir bitten dich:
Lass nicht zu,
 dass wir falschen Lehren dienen,
sondern stärke unseren Glauben an Christus,
 der unser wahrer König ist,
und der in der Einheit des Heiligen Geistes
 mit dir lebt und herrscht
 jetzt und in Ewigkeit.

c) Festtage

8. Dezember

Hochfest der ohne Erbsünde empfangenen Jungfrau und Gottesmutter Maria

Eröffnungsgebet **Großer und heiliger Gott,**
    im Hinblick auf den Erlösertod Christi
hast du die selige Jungfrau Maria
    schon im ersten Augenblick ihres Daseins
    vor jeder Sünde bewahrt,
um deinem Sohn eine würdige Wohnung zu bereiten.
Höre auf ihre Fürsprache:
Mache uns frei von Sünden
    und erhalte uns in deiner Gnade,
damit wir mit reinem Herzen zu dir gelangen.
Darum bitten wir durch Jesus Christus,
deinen Sohn, unseren Herrn und Gott,
der in der Einheit des Heiligen Geistes
    mit dir lebt und herrscht in alle Ewigkeit.   *MB 862*

26. Dezember

Hl. Stephanus, erster Märtyrer

Fest

Eröffnungsgebet **Allmächtiger Gott,**
    wir ehren am heutigen Fest
        den ersten Märtyrer deiner Kirche.
Gib, dass auch wir unsere Feinde lieben
und so das Beispiel des heiligen Stephanus nachahmen,
    der sterbend für seine Verfolger gebetet hat.
Darum bitten wir durch Jesus Christus,
deinen Sohn, unseren Herrn und Gott,
der in der Einheit des Heiligen Geistes
    mit dir lebt und herrscht in alle Ewigkeit.   *MB 871*

27. Dezember

Hl. Johannes, Apostel, Evangelist

Fest

Eröffnungsgebet **Allmächtiger Gott,**
du hast durch den Evangelisten Johannes
einen Zugang eröffnet
    zum Geheimnis deines ewigen Wortes.
Lass uns mit erleuchtetem Verstand
    und liebendem Herzen erfassen,
was er in gewaltiger Sprache verkündet hat.
Darum bitten wir durch Jesus Christus,
deinen Sohn, unseren Herrn und Gott,
der in der Einheit des Heiligen Geistes
    mit dir lebt und herrscht in alle Ewigkeit. *MB 872*

28. Dezember

Unschuldige Kinder

Fest

Eröffnungsgebet **Vater im Himmel,**
    nicht mit Worten
haben die Unschuldigen Kinder dich gepriesen,
sie haben dich verherrlicht durch ihr Sterben.
Gib uns die Gnade,
dass wir in Worten und Taten
    unseren Glauben an dich bekennen.
Darum bitten wir durch Jesus Christus,
deinen Sohn, unseren Herrn und Gott,
der in der Einheit des Heiligen Geistes
    mit dir lebt und herrscht in alle Ewigkeit. *MB 873*

2. Februar

Darstellung des Herrn

Fest

Eröffnungsgebet   **Allmächtiger, ewiger Gott,**
        dein eingeborener Sohn
hat unsere menschliche Natur angenommen
und wurde am heutigen Tag im Tempel dargestellt.
Läutere unser Leben und Denken,
damit wir mit reinem Herzen vor dein Antlitz treten.
Darum bitten wir durch Jesus Christus,
deinen Sohn, unseren Herrn und Gott,
der in der Einheit des Heiligen Geistes
        mit dir lebt und herrscht in alle Ewigkeit.   *MB 623*

19. März

Hl. Josef, Bräutigam der Gottesmutter Maria

Hochfest

Eröffnungsgebet   **Allmächtiger Gott,**
        du hast Jesus, unseren Heiland,
        und seine Mutter Maria
der treuen Sorge des heiligen Josef anvertraut.
Höre auf seine Fürsprache
und hilf deiner Kirche,
die Geheimnisse der Erlösung treu zu verwalten,
        bis das Werk des Heiles vollendet ist.
Darum bitten wir durch Jesus Christus,
deinen Sohn, unseren Herrn und Gott,
der in der Einheit des Heiligen Geistes
        mit dir lebt und herrscht in alle Ewigkeit.   *MB 646*

25. März

Verkündigung des Herrn

Hochfest

Eröffnungsgebet   **Gott,**
        du bist groß und unbegreiflich.
    Nach deinem Willen ist dein ewiges Wort
        im Schoß der Jungfrau Maria Mensch geworden.
    Gläubig bekennen wir,
    dass unser Erlöser wahrer Gott und wahrer Mensch ist.
    Mache uns würdig,
    Anteil zu erhalten an seinem göttlichen Leben.
    Darum bitten wir durch ihn, Jesus Christus,
    deinen Sohn, unseren Herrn und Gott,
    der in der Einheit des Heiligen Geistes
        mit dir lebt und herrscht in alle Ewigkeit.   *MB 649*

24. Juni

Geburt des hl. Johannes des Täufers

Hochfest

Am Vorabend

Eröffnungsgebet   **Allmächtiger Gott,**
    führe deine Kirche auf dem Weg des Heiles
    und gib uns die Gnade,
    den Weisungen Johannes des Täufers zu folgen,
    damit wir zu dem gelangen,
    den er vorausverkündet hat,
    zu unserem Herrn Jesus Christus, deinem Sohn,
    der in der Einheit des Heiligen Geistes
        mit dir lebt und herrscht in alle Ewigkeit.   *MB 697*

Am Tag

Eröffnungsgebet   **Gott,**
du hast den heiligen Johannes den Täufer berufen,
das Volk des Alten Bundes
**   Christus, seinem Erlöser, entgegenzuführen.**
Schenke deiner Kirche die Freude im Heiligen Geist
und führe alle, die an dich glauben,
**   auf dem Weg des Heiles und des Friedens.**
Darum bitten wir durch ihn, Jesus Christus,
deinen Sohn, unseren Herrn und Gott,
der in der Einheit des Heiligen Geistes
**   mit dir lebt und herrscht in alle Ewigkeit.**   *MB 698*

29. Juni

Hl. Petrus und hl. Paulus, Apostel

Hochfest

Am Vorabend

Eröffnungsgebet   **Herr, unser Gott,**
**   durch die Apostel Petrus und Paulus**
hast du in der Kirche den Grund des Glaubens gelegt.
Auf ihre Fürsprache hin
erhalte und vollende diesen Glauben,
**   der uns zum ewigen Heil führt.**
Darum bitten wir durch Jesus Christus,
deinen Sohn, unseren Herrn und Gott,
der in der Einheit des Heiligen Geistes
**   mit dir lebt und herrscht in alle Ewigkeit.**   *MB 705*

Am Tag

Eröffnungsgebet   **Herr, unser Gott,**
        am Hochfest der Apostel Petrus und Paulus
haben wir uns in Freude versammelt.
Hilf deiner Kirche,
in allem der Weisung deiner Boten zu folgen,
durch die sie den Glauben
und das Leben in Christus empfangen hat,
der in der Einheit des Heiligen Geistes
        mit dir lebt und herrscht in alle Ewigkeit.   *MB 707*

6. August

Verklärung des Herrn

Fest

Eröffnungsgebet   **Allmächtiger Gott,**
        bei der Verklärung deines eingeborenen Sohnes
hast du durch das Zeugnis der Väter
        die Geheimnisse des Glaubens bekräftigt.
Du hast uns gezeigt, was wir erhoffen dürfen,
wenn unsere Annahme an Kindes statt
        sich einmal vollendet.
Hilf uns, auf das Wort deines Sohnes zu hören,
damit wir Anteil erhalten an seiner Herrlichkeit.
Darum bitten wir durch ihn, Jesus Christus,
deinen Sohn, unseren Herrn und Gott,
der in der Einheit des Heiligen Geistes
        mit dir lebt und herrscht in alle Ewigkeit.   *MB 737*

15. August

Mariä Aufnahme in den Himmel

Hochfest

Am Vorabend

Eröffnungsgebet **Allmächtiger Gott,**
du hast die Jungfrau Maria
zur Mutter deines ewigen Sohnes erwählt.
Du hast auf deine niedrige Magd geschaut
und sie mit Herrlichkeit gekrönt.
Höre auf ihre Fürsprache
und nimm auch uns in deine Herrlichkeit auf,
da du uns erlöst hast
durch den Tod und die Auferstehung
deines Sohnes, unseres Herrn Jesus Christus,
der in der Einheit des Heiligen Geistes
mit dir lebt und herrscht in alle Ewigkeit.   *MB 747*

Am Tag

Eröffnungsgebet **Allmächtiger, ewiger Gott,**
du hast die selige Jungfrau Maria,
die uns Christus geboren hat,
vor aller Sünde bewahrt
und sie mit Leib und Seele
zur Herrlichkeit des Himmels erhoben.
Gib, dass wir auf dieses Zeichen
der Hoffnung und des Trostes schauen
und auf dem Weg bleiben,
der hinführt zu deiner Herrlichkeit.
Darum bitten wir durch Jesus Christus,
deinen Sohn, unseren Herrn und Gott,
der in der Einheit des Heiligen Geistes
mit dir lebt und herrscht in alle Ewigkeit.   *MB 749*

14. September

Kreuzerhöhung

Fest

Eröffnungsgebet   **Allmächtiger Gott,**
        deinem Willen gehorsam,
    hat dein geliebter Sohn
    den Tod am Kreuz auf sich genommen,
    um alle Menschen zu erlösen.
    Gib, dass wir in der Torheit des Kreuzes
        deine Macht und Weisheit erkennen
    und in Ewigkeit teilhaben
        an der Frucht der Erlösung.
    Darum bitten wir durch Jesus Christus,
    deinen Sohn, unseren Herrn und Gott,
    der in der Einheit des Heiligen Geistes
        mit dir lebt und herrscht in alle Ewigkeit.   *MB 771*

1. November

Allerheiligen

Hochfest

Eröffnungsgebet   **Allmächtiger, ewiger Gott,**
    du schenkst uns die Freude,
    am heutigen Fest
    die Verdienste aller deiner Heiligen zu feiern.
    Erfülle auf die Bitten so vieler Fürsprecher
        unsere Hoffnung
    und schenke uns dein Erbarmen.
    Darum bitten wir durch Jesus Christus,
    deinen Sohn, unseren Herrn und Gott,
    der in der Einheit des Heiligen Geistes
        mit dir lebt und herrscht in alle Ewigkeit.   *MB 823*

2. November

Allerseelen

Eröffnungsgebet   **Allmächtiger Gott,**
wir glauben und bekennen,
dass du deinen Sohn
     als Ersten von den Toten auferweckt hast.
Stärke unsere Hoffnung,
     dass du auch unsere Brüder und Schwestern
auferwecken wirst zum ewigen Leben.
Darum bitten wir durch Jesus Christus,
deinen Sohn, unseren Herrn und Gott,
der in der Einheit des Heiligen Geistes
     mit dir lebt und herrscht in alle Ewigkeit.   *MB 827*

9. November

Weihetag der Lateranbasilika

Fest

Eröffnungsgebet   **Erhabener Gott,**
du erbaust dir aus lebendigen
     und erlesenen Steinen ein ewiges Haus.
Mache die Kirche reich an Früchten des Geistes,
     den du ihr geschenkt hast,
und lass alle Gläubigen in der Gnade wachsen,
bis das Volk, das dir gehört,
     im himmlischen Jerusalem vollendet wird.
Darum bitten wir durch Jesus Christus,
deinen Sohn, unseren Herrn und Gott,
der in der Einheit des Heiligen Geistes
     mit dir lebt und herrscht in alle Ewigkeit.   *MB 882*

Schlussgebete

Wenn die Wort-Gottes-Feier mit einer Kommunionfeier verbunden wird, kann das Schlussgebet aus den folgenden Texten gewählt werden.

Schlussgebet 1

Gott, unser himmlischer Vater,
du schenkst Vergebung und Frieden.
Bleib bei uns auf dem Weg.
Lass uns Sorge tragen für alle, die uns brauchen,
und wo Unrecht deinem Reich entgegensteht,
lass uns Verzeihung üben
durch Jesus Christus, unseren Herrn.

Schlussgebet 2

Gott,
du bist reich an Liebe und Güte.
Wie eine Mutter für ihre Kinder sorgt,
so bist du uns zugetan.
Begleite uns in dieser Woche,
dass wir deinen Namen
in Wort und Tat verherrlichen
durch Jesus Christus, unseren Herrn.

Schlussgebet 3

Gott, Spender aller Gaben!
Du hast uns bewirtet
mit deinem Wort und dem Brot des Lebens.
Gib uns ein wachsames Herz,
damit wir dich erkennen in allem,
was uns im Alltag begegnet.
Darum bitten wir durch Jesus Christus, unseren Herrn.

Schlussgebet 4

Gott, Urgrund unseres Seins!
Wir danken dir für Jesus, deinen Sohn,
unseren Herrn und Bruder.
Er sei unsere Stärke,
wenn wir dich, den Verborgenen, suchen.
Er sei unsere Kraft,
wenn wir auf seinen Spuren durchs Leben gehen.
Darum bitten wir durch ihn,
Jesus Christus, unseren Herrn.

Schlussgebet 5 — Herr, unser Gott,
du hast uns als deine Gemeinde versammelt.
Wir bitten dich:
Ruf uns zusammen mit den Menschen aller Völker
und Nationen in das Reich deines Sohnes,
der mit dir lebt und herrscht in Ewigkeit.

Schlussgebet 6 — Allmächtiger Gott und Vater,
du hast deinen gekreuzigten Sohn auferweckt
und ihm, dem Lebendigen,
die Macht des Leben spendenden Geistes gegeben.
Nimm dich deiner Kirche an, o Herr,
und erneuere ihre Jugend.
Lass sie aufleben durch deinen Heiligen Geist
durch Jesus Christus, unseren Herrn.

Schlussgebet 7 — Gott, unser Vater,
dein Sohn hat uns von dir Kunde gebracht.
Er hat uns erkennen lassen, wie du bist:
groß in deiner Huld für deine Geschöpfe,
gewaltig in deiner Hoheit,
wehrlos in deiner Liebe.
Wir sagen dir Dank durch ihn,
der sich uns im Wort und im Brot des Lebens
geschenkt hat,
Jesus Christus, unseren Herrn.

Schlussgebet 8 — Herr, unser Gott,
du hast gewollt,
dass sich das Bild deines Sohnes auspräge
im Wesen der Getauften,
die du zu deinem Tisch geladen hast.
Ermutige uns, dem Evangelium zu folgen
und deinem Heiligen Geist Raum zu geben,
durch Jesus Christus, unseren Herrn.

Schlussgebet 9 **Allmächtiger Gott,**
in dieser Feier
hast du uns an deinem göttlichen Leben Anteil
geschenkt.
Lass uns niemals von dir getrennt werden,
sondern bewahre uns in deiner Liebe
durch Jesus Christus, unseren Herrn.

Sonntäglicher Lobpreis

■ **A. Lobpreis und Dank für das Geschenk des Sonntags**   ↗ S. 57 ff.

■ **B. Lobpreis des dreieinigen Gottes**

„Preist den dreieinigen Gott, den Vater, den Sohn und den Heiligen Geist"

Die folgende Akklamation wird beim ersten Mal vorgesungen und dann von allen wiederholt.

K/A Dir sei Preis   und Dank und   Eh - re!

L: Gepriesen bist du, Herr, unser Gott,
       für das Leben, das du geschaffen hast.
       Die ganze Welt hältst du in der Hand,
       und wir dürfen dich unseren Vater nennen.

A Dir sei Preis   und Dank und   Eh - re!

L: Wir danken dir für deinen Sohn Jesus Christus,
       unseren Herrn und Bruder.
       Durch ihn wurde deine Güte in menschlicher Gestalt sichtbar.
       In seinem Tod und seiner Auferstehung hast du uns erlöst
       und bleibende Hoffnung geschenkt.
       Er ist das Wort, das uns den Weg weist,
       er ist die Wahrheit, die uns frei macht.

A Dir sei Preis und Dank und Eh - re!

L: Wir preisen dich für den Heiligen Geist,
     der uns zusammenführt und als Kirche eint.
     Aus seiner Fülle haben wir empfangen,
     aus seiner Kraft dürfen wir leben.

A Dir sei Preis und Dank und Eh - re!

L: Wir danken dir für alle, die den Weg mit uns gemeinsam gehen
     und ihr Leben mit uns teilen.
     Für alle, die bei uns bleiben in Stunden der Freude,
     aber auch in Stunden der Not und der Angst.

A Dir sei Preis und Dank und Eh - re!

L: Wir preisen dich, Herr, unseren Gott,
     durch ihn, Jesus Christus, deinen Sohn, im Heiligen Geist
     und stimmen ein in den Lobgesang der himmlischen Chöre:

↗ Hymnus

▊ C. Lobpreis und Dank für Schöpfung und Neuschöpfung

„Gott ruft sein Volk zusammen"

Die folgende Akklamation wird beim ersten Mal vorgesungen und dann von allen wiederholt. Anstelle der gesungenen Akklamation kann der folgende Ruf auch jeweils gesprochen werden.

Kantor/in oder L.:

K: **Wir loben dich, wir preisen dich, wir beten dich an.** (nach GL 426)
A: **Wir loben dich, wir preisen dich, wir beten dich an.**

L: **Gepriesen bist du, Herr, unser Gott,**
für die Gabe des ersten Tages der Woche.
Dies ist der Tag,
an dem du das Werk der Schöpfung begonnen hast,
indem du Licht und Finsternis trenntest.
Dies ist der Tag,
an dem du durch die Auferweckung deines Sohnes
mitten in der alten Schöpfung
die neue Schöpfung schon begonnen hast.
Dies ist unser Tag
der Ruhe und Unterbrechung,
den du uns allen am Berg Sinai
durch dein Sabbatgebot geschenkt hast.
Denn du hast uns deinem geliebten Volk Israel
im Neuen Bunde zugesellt.
So halten auch wir einen Tag der Woche für dich frei.
Wie dein Volk Israel
sehnen wir uns nach der Erfüllung deiner Verheißungen.
Wir vereinen uns mit allen, die deinen Namen kennen,
und rufen:

K/A: **Wir loben dich, wir preisen dich, wir beten dich an.**

L: Als die Zeit ihre Fülle erreicht hatte,
hast du uns Jesus, den Christus, geschenkt,
dein ewiges, nun sichtbares und Leben schaffendes Wort.
Seiner vor allem gedenken wir am Sonntag.
Es ist der Tag,
an dem er den Geist auf die im Saal Versammelten sandte
und so deine Kirche schuf.
Als deine Gemeinde (von …)
sind wir versammelt (in der Ortskirche/im Bistum von …),
um auf deinen Sohn zu hören
und ihm im Glauben zu folgen.

An dieser Stelle kann entsprechend der Zeit im Kirchenjahr einer der folgenden Einschübe eingefügt werden:

Sonntage im Jahreskreis:
Sein Wort ist Frohe Botschaft.
Seine Taten zeugen von Barmherzigkeit und Gerechtigkeit.
Sein Leiden und Tod machen Solidarität und Wahrheit offenbar.
Seine Auferstehung kündet von einer Liebe, die kein Hass zerstören kann.

↗ S. 177

Oder:

Er hat Großes an uns getan:
Durch seinen Tod und seine Auferstehung hat er uns von der Sünde
und von der Knechtschaft des Todes befreit
und neues Leben geschenkt.
In ihm sind wir ein auserwähltes Geschlecht,
dein heiliges Volk, dein königliches Priestertum.

↗ S. 177

Oder:

Er hat den Armen eine gute Nachricht gebracht,
den Gefangenen die Entlassung verkündet,
Blinden das Augenlicht geschenkt,
Tauben die Ohren geöffnet,
Aussätzige rein gemacht
und Tote zum Leben gerufen.

↗ S. 177

Sonntage im Advent
Ihn hast du der Menschheit als Erlöser verheißen.
Seine Wahrheit leuchtet den Suchenden,
seine Kraft stärkt die Schwachen,
seine Barmherzigkeit bringt den Sündern Vergebung.
Er ist der Heiland der Welt, den du gesandt hast in Treue zu deinem
Wort.

↗ S. 177

Sonntage in der Weihnachtszeit
Er ist Mensch geworden
und hat der Welt Rettung und Licht gebracht.
Er heilt die Wunden der Schöpfung,
richtet auf, was gebeugt ist und darniederliegt,
er ruft die Menschen ins Reich deines Friedens.

↗ S. 177

Sonntage in der Österlichen Bußzeit
Er hat Erbarmen mit uns Menschen.
Sein Wort ruft uns zu Umkehr und Buße.
Seine Botschaft schenkt uns Hoffnung und Vergebung.
Seine Taten eröffnen Heil und Leben.

↗ S. 177

Sonntage in der Osterzeit
Er hat den Tod besiegt und
durch seine Auferstehung das Leben neu geschaffen.
Er schenkt uns Hoffnung,
die dem Leben Licht
und im Sterben Halt schenkt.

K/A: **Wir loben dich, wir preisen dich, wir beten dich an.**

L: **Als die Gemeinde Jesu Christi,**
die er aus der Zerstreuung und Vereinzelung sammelt,
folgen wir ihm auf seinem Weg durch die Zeit.
In ihm geschwisterlich verbunden,
teilen wir die Sorgen und Nöte,
die Hoffnungen und Freuden aller Menschen guten Willens.
Sie stehen vor uns an diesem Tag,
und im Geist Christi beten wir.
Wir bitten dich, Gott, um den Heiligen Geist,
den Tröster und Befreier,
den Atem und Wind.
Als deine heilige Versammlung rufen wir:

K: **Sende aus deinen Geist,**
   und das Antlitz der Erde wird neu. (GL 253)
A: **Sende aus deinen Geist,**
   und das Antlitz der Erde wird neu.

L: **Wir feiern (diesen …) Sonntag.**
Du hast uns heute zusammengerufen,
dass wir dein Wort hören
und dir das Lob singen konnten.
(Das Brot zu brechen, ist uns nicht gegeben,
doch deine Nähe ist uns zugesagt.)
Herr, es ist die Kirche,
die Jesus als dein Volk aus allen Völkern gesammelt hat.
Als seine Kirche halten wir Ausschau
nach seinem endgültigen Kommen.
Mit allen, die den Weg auf dein Reich hin gehen,
geben wir dir, Gott, die Ehre.

↗ Hymnus

▨ D. Lobpreis und Dank für Jesus Christus

„Jesus Christus ist der Herr zur Ehre Gottes des Vaters"

Die folgende Akklamation wird beim ersten Mal vorgesungen und dann von allen wiederholt. Anstelle der gesungenen Akklamation kann der folgende Ruf auch jeweils gesprochen werden.

Kantor/in oder L.:

K: **Jesus Christus ist der Herr zur Ehre Gottes des Vaters.** (GL 174)
A: **Jesus Christus ist der Herr zur Ehre Gottes des Vaters.**

L: **Menschenfreundlicher Gott,**
Vater unseres Herrn Jesus Christus,
so sehr hast du die Welt geliebt,
dass du uns deinen einzigen Sohn gabst,
damit jeder, der an ihn glaubt,
nicht zugrunde geht,
sondern das ewige Leben hat.

A: **Jesus Christus ist der Herr zur Ehre Gottes des Vaters.**

L: **Wir preisen dich, Vater,**
für die Menschwerdung deines Sohnes,
für seine Geburt aus der Jungfrau Maria,
für sein Leben in unserer Mitte.

A: **Jesus Christus ist der Herr zur Ehre Gottes des Vaters.**

L: **Wir preisen dich, Vater,**
für Jesu Leben in Nazaret,
für die Offenbarung deines Sohnes am Jordan,
für seinen Sieg über den Versucher in der Wüste.

A: **Jesus Christus ist der Herr zur Ehre Gottes des Vaters.**

L: **Wir preisen dich, Vater,**
für jedes Wort aus dem Munde Jesu,
für sein heilendes Wirken,
für die Zeichen seiner Herrlichkeit.

A: **Jesus Christus ist der Herr zur Ehre Gottes des Vaters.**

L: Wir preisen dich, Vater,
für das Abendmahl deines Sohnes,
für sein Leiden und Sterben,
für seine Grabesruhe
und seine Auferstehung.

A: Jesus Christus ist der Herr zur Ehre Gottes des Vaters.

L: Wir preisen dich, Vater,
für alle Macht,
die du Christus gegeben hast,
im Himmel und auf Erden,
für seine Auffahrt zu dir,
für die Sendung des Heiligen Geistes.

A: Jesus Christus ist der Herr zur Ehre Gottes des Vaters.

L: Wir preisen dich, Vater,
dass dein Sohn uns nicht allein lässt;
dass er gegenwärtig ist,
wo zwei oder drei
in seinem Namen versammelt sind;
dass er alle Tage bei uns ist
bis zum Ende der Welt.

A: Jesus Christus ist der Herr zur Ehre Gottes des Vaters.

L: Wir preisen dich, Vater,
Herr des Himmels und der Erde,
in Dankbarkeit, in Ehrfurcht und in Liebe
durch deinen Sohn im Heiligen Geist
und stimmen ein in das Loblied der himmlischen Chöre:

↗ Hymnus

◼ E. Lobpreis und Dank für Gottes Wirken

„Durch ihn und auf ihn hin ist alles geschaffen"

Die folgende Akklamation wird beim ersten Mal vorgesungen und dann von allen wiederholt. Anstelle der gesungenen Akklamation kann der folgende Ruf auch jeweils gesprochen werden.

Kantor/in oder L.:

K: Lobet den Herrn, preist seine Huld und Treue. (GL 496)
A: Lobet den Herrn, preist seine Huld und Treue.

**L: Gepriesen bist du, Herr, unser Gott.
         Alles, was du geschaffen hast, ist gut.**

A: Lobet den Herrn, preist seine Huld und Treue.

**L: Die Welt kündet deine Weisheit und Größe.
         Der Mensch kann dich erkennen und dir dienen.**

A: Lobet den Herrn, preist seine Huld und Treue.

**L: Du lässt uns in der Sorge um die Welt nicht allein.
         In Jesus Christus ist uns deine Liebe erschienen.**

A: Lobet den Herrn, preist seine Huld und Treue.

**L: Auf ihn hin ist alles geschaffen;
         er schenkt uns die Fülle des Lebens.**

A: Lobet den Herrn, preist seine Huld und Treue.

**L: Er heilt die Wunden der Schöpfung
         und gibt uns unzerstörbare Hoffnung.**

A: Lobet den Herrn, preist seine Huld und Treue.

**L: Er ist der Anfang einer neuen Schöpfung;
         durch ihn willst du die Welt vollenden.**

A: Lobet den Herrn, preist seine Huld und Treue.

L: **Gepriesen bist du, Herr, unser Gott,**
        durch ihn, Jesus Christus, deinen Sohn.
        Im Heiligen Geist versammelt, stimmen wir ein
        in den Lobgesang der himmlischen Chöre:

                                                    ↗ Hymnus

▨ F. Lobpreis und Dank für Gottes Wort

„Dein Wort, o Herr, geleitet uns"

Die folgende Akklamation wird beim ersten Mal vorgesungen und dann von allen wiederholt. Anstelle der gesungenen Akklamation kann der folgende Ruf auch jeweils gesprochen werden.

Kantor/in oder L.:

K: **Dein Wort, o Herr, geleitet uns auf allen unsren Wegen.** (GL 508)
A: **Dein Wort, o Herr, geleitet uns auf allen unsren Wegen.**

L: **Gott, unser Vater,**
wir leben nicht vom Brot allein,
sondern von jedem Wort
aus deinem Munde.
Denn durch dein Wort
hast du die Welt erschaffen;
durch dein Wort hast du alles ins Leben gerufen.

A: **Dein Wort, o Herr, geleitet uns auf allen unsren Wegen.**

L: **Auf dein Wort hast du den Bund**
mit Israel gegründet.
Du hast Mose
das Wort deiner Treue anvertraut
als Halt und Weisung für dein Volk,
als Kraft und Stärke für dein Erbe.

A: **Dein Wort, o Herr, geleitet uns auf allen unsren Wegen.**

L: **Du hast die Propheten berufen**
als Künder deiner Liebe.
Durch dein Wort mahnten sie das Volk
zu Umkehr und Buße,
sagten an dein Gericht,
spendeten Trost in Not und Bedrängnis.

A: **Dein Wort, o Herr, geleitet uns auf allen unsren Wegen.**

L: **Dein Wort hat Israels Sänger bewegt**
und sie erfüllt mit dem Geist des Gebetes.
Deine Weisheit haben sie bekundet,
uns gelehrt, deinen Namen zu preisen.

A: **Dein Wort, o Herr, geleitet uns auf allen unsren Wegen.**

L: **In der Fülle der Zeiten**
hast du deinen Sohn gesandt:
das ewige Wort am Herzen des Vaters.
Gnade und Wahrheit kamen durch ihn.
Geist und Leben sind seine Worte.

A: **Dein Wort, o Herr, geleitet uns auf allen unsren Wegen.**

L: **Um das Werk deines Sohnes zu vollenden,**
hast du den Heiligen Geist ausgegossen,
damit er uns alles lehre
und uns stärke
zum Zeugnis des Glaubens.

A: **Dein Wort, o Herr, geleitet uns auf allen unsren Wegen.**

L: **Wir preisen dich für dein Wort**
und danken dir für dein Wirken.
Ja, dir gebührt unser Lob,
dir unser rühmendes Lied:

↗ Hymnus

G. Lobpreis und Danksagung für den Sonntag

„Dankt unserm Gott, lobsinget ihm"

L: Schwestern und Brüder, wir sind im Namen Jesu versammelt. Er ist in unserer Mitte. Er ist unser Mittler bei Gott. Deshalb beten wir:

– Stille –

L: Allmächtiger Gott,
den Sabbat hast du geheiligt
als Tag des Lobes und Dankes
für das Werk deiner Schöpfung.
Der Mensch soll ausruhen von der Arbeit,
dein Wort hören und deinen Namen preisen.
Dankbar erheben wir unsere Stimme:

K/A Dank   sei Gott,   Hal - le - lu - ja.

T: Liturgie   M: Erhard Quack (Q: GL 260)

L: Den Sonntag hast du uns geschenkt,
damit wir uns freuen und deines geliebten Sohnes gedenken.
Er kam in die Welt als dein Wort.
Er lebte mit den Menschen.
Sie überlieferten ihn dem Tod.
Du aber hast ihn gerettet.
Darum feiern wir diesen Tag und gedenken seiner Auferstehung:

   K/A: Dank sei Gott, Halleluja.

L: In Christus hast du alle Menschen berufen,
dein auserwähltes Volk zu werden.
Von dir geliebt, schreitet es durch die Zeit,
zur ewigen Vollendung hin,
um dich für immer zu schauen und zu loben:

K/A: **Dank sei Gott, Halleluja.**

L: **Ja, dieser Tag ist ein Geschenk deiner Liebe.**
Darum loben und preisen wir dich,
beten wir dich an und danken dir
durch Jesus Christus im Heiligen Geist
und vereinen uns mit den Chören des Himmels zu deinem Lobgesang:

↗ Hymnus

Hymnus

– Gloria-Hymnus

– Hymnus innerhalb der Advents- und Fastenzeit

Dir ge-bührt un-ser Lob, dir un-ser rüh-men-des Lied! Dir, o

Gott,__ sei Eh-re und Ruhm: dem Va-ter, dem Sohn und dem Hei-li-gen

Geist, jetzt und im-mer und e-wig. A – men.

T: nach „Te decet laus, te decet hymnus", Vers 1 u. 7,
Hymnarium Valcidonense 11./12. Jh. nach griechischer Vorlage vor 325
Dt.: Benedikt. Antiphonale 1: Dir gebührt unser Lob © Vier-Türme-Verlag, Münsterschwarzach
M: Michael Heigenhuber 2003

Zeichenhandlungen

Taufgedächtnis

Die Verbindung mit Jesus Christus und der Gemeinschaft der Kirche ist in der Taufe grundgelegt. Diese Berufung wirkt sich im Leben der Christen aus; sie können und sollen Christus ähnlich werden, lebendige Glieder an seinem Leib, der Kirche, sein.

Das Taufgedächtnis geschieht in besonders feierlicher Weise in der Osternacht. Aber auch an den Sonntagen, an denen die Kirche den Tod und die Auferstehung ihres Herrn feiert, lädt sie die Gläubigen ein, ihr Taufbekenntnis zu erneuern. Besonders empfehlen sich für ein Taufgedächtnis die Sonntage in der Osterzeit. Ferner legen sich jene Sonn- und Festtage nahe, die einen besonderen tauftheologischen Akzent tragen (z. B. Erscheinung des Herrn, Taufe des Herrn, Weltmissionssonntag, Sonntag in der Gebetswoche für die Einheit der Christen, Kirchweih- und Patronatsfeste, Allerheiligen, Allerseelen u. Ä.).

Das Taufgedächtnis hat folgenden Aufbau:
    Einführung
    Lobpreis über dem Wasser
    (Erneuerung des Taufbekenntnisses)
    Austeilung des Wassers

Nach der Einführung, die der Leiter/die Leiterin von seinem/ihrem Platz im Altarraum aus spricht, geht er/sie mit den anderen, die einen besonderen liturgischen Dienst ausüben, zum Taufort. Die anderen Mitfeiernden können sich anschließen. Wenn der Taufbrunnen von der Gemeinde nicht einsehbar ist, wird eine Schale und ein Krug mit Wasser im Altarraum gut sichtbar aufgestellt. Der Leiter/Die Leiterin gießt nach der Einführung das Wasser aus dem Krug in die Schale und spricht den Lobpreis.

Die Austeilung des gesegneten Wassers kann auf verschiedene Weise geschehen:
– Das Wasser wird über die Gläubigen ausgesprengt.
– Das Wasser wird den Gläubigen gereicht. Die Gläubigen bekreuzigen sich mit dem gesegneten Wasser.
– In einer Prozession gehen die Mitfeiernden zum Taufort, nehmen vom Wasser im Taufbrunnen und bekreuzigen sich damit. Der Leiter/Die Leiterin

kann auch den Einzelnen mit dem gesegneten Wasser ein Kreuz auf die Stirn zeichnen.

Für die Feier des Taufgedächtnisses stehen zwei Formen zur Auswahl:
- Form A: Das Taufgedächtnis vollzieht sich in einfacher Form und empfiehlt sich für die Wort-Gottes-Feier am Sonntag im Jahreskreis. Es kann in der Eröffnung oder als Antwortelement verwendet werden.
- Form B: Diese Form wird dann ausgewählt, wenn der Gedanke der Taufe im Gottesdienst besonders entfaltet werden soll. Das Taufgedächtnis schließt sich an die Auslegung der Heiligen Schrift an. Es werden keine weiteren Antwortelemente verwendet; ebenso entfallen der Sonn-(Fest-)tägliche Lobpreis und der Hymnus.

Vorzubereiten sind:
Osterkerze am Ort des Taufgedächtnisses
Wasser im Taufbrunnen bzw. Gefäß mit Wasser
Aspergill

■ Form A

Der Leiter/Die Leiterin lädt mit folgenden oder ähnlichen Worten zum Taufgedächtnis ein:

L: Liebe Brüder und Schwestern! Das Wasser erinnert uns daran: Wir alle sind in der Taufe von Gott erwählt, sein heiliges Volk zu sein, und sind berufen, seine großen Taten zu verkünden.

Der Leiter/Die Leiterin geht zum Taufbrunnen, oder es wird ein geeignetes Gefäß mit Wasser gebracht. Die Gemeinde steht.

L: **Lasset uns beten.**
Gott, du Quelle des Lebens.
Du schenkst uns dein Heil in sichtbaren Zeichen.
So sei uns dieses Wasser ein Zeichen für das neue Leben,
das du in der Taufe in uns gewirkt hast.
Erneuere in uns die Gaben deines Geistes.
Darum bitten wir durch Christus, unsern Herrn.
A: **Amen.**

Nach dem Gebet wird das Wasser in einer der oben beschriebenen Weisen ausgeteilt. Dazu kann die Gemeinde singen. Als Gesänge eignen sich u. a.:

Ich bin getauft und Gott geweiht (GL 635)
Lasst uns loben (GL 637)
Wir sind getauft auf Christi Tod (GL 220,3–5)
Der Herr ist mein Hirt (GL 718)
Mein Hirt ist Gott der Herr (U 106)
Ihr werdet Wasser schöpfen (U 35) + Ps
Fest soll mein Taufbund immer stehen (Gotteslob – Diözesananhänge)

▨ Form B

▨ *Einführung*

Während des Taufgedächtnisses steht die Gemeinde.

Nach der Auslegung der Heiligen Schrift spricht der Leiter/die Leiterin mit folgenden oder ähnlichen Worten:

L: **Liebe Schwestern und Brüder! In der Taufe sind wir mit Wasser und Heiligem Geist auf den Tod und die Auferstehung Jesu Christi getauft worden. Er ist die Quelle, aus der wir unseren Durst nach ewigem Leben stillen. Ihm vertrauen wir uns neu an.**

Oder:

L: **Liebe Schwestern und Brüder! Das Wasser erinnert uns: In der Taufe hat uns Gott als seine geliebten Kinder angenommen. Wir sind seine Töchter und Söhne und dürfen ihn Vater nennen. Aus seiner Liebe leben wir Tag für Tag.**

▨ *Lobpreis Gottes über dem Wasser*

Der Leiter/Die Leiterin geht mit den anderen, die einen besonderen liturgischen Dienst ausüben, zum Taufort, oder es wird ein geeignetes Gefäß mit Wasser gebracht. Er/Sie spricht:

L: **Wir preisen dich, Gott, Vater voll Erbarmen.
Du schenkst uns das neue Leben im Wasser der Taufe.
Wir loben dich.**
A: **Wir preisen dich.**

L: **In deinem Sohn Jesus Christus machst du alle,**
die aus Wasser und Heiligem Geist getauft sind, zu einem Volk.
Wir loben dich.
A: **Wir preisen dich.**

L: **Durch den Geist deiner Liebe befreist du uns**
und schenkst uns deinen Frieden.
Wir loben dich.
A: **Wir preisen dich.**

L: **Du erwählst alle Getauften,**
das Evangelium Christi in der Welt freudig zu bezeugen.
Wir loben dich.
A: **Wir preisen dich.**

Erneuerung des Taufbekenntnisses

Der Leiter/Die Leiterin lädt die Gemeinde mit folgenden oder ähnlichen Worten ein, ihren Glauben zu bekennen.

L: **Lasst uns gemeinsam unseren Glauben bekennen, auf den wir getauft**
wurden:
A: **Ich glaube an Gott ...** (GL 2,5)

Oder:

A: **Wir glauben an den einen Gott ...** (GL 356)

Das Glaubensbekenntnis kann gesprochen oder gesungen werden.

Austeilung des Wassers

Zur Austeilung des Wassers singt die Gemeinde. (Zur Auswahl der Gesänge siehe Form A.)

Lichtdanksagung (Luzernar)

Gottesdienste, die in der Dunkelheit beginnen, können entsprechend altkirchlichem Brauch mit einer Lichtdanksagung (Luzernar) eröffnet werden. Die Gemeinde preist Christus als das Licht der Welt.
Die Lichtdanksagung empfiehlt sich besonders in der Advents- und Weihnachtszeit.

Vorzubereiten sind:
    Prozessionskerze und Leuchter im Altarraum
    gegebenenfalls Kerzen für die Mitfeiernden
    Docht zum Entzünden der Kerzen am Altar

Die Lichtdanksagung hat folgenden Ablauf:
    Einzug mit der Prozessionskerze
    Liturgischer Gruß (Lichtruf)
    Lichthymnus
    Lichtdanksagung

Die Lichtdanksagung stellt den Eröffnungsteil des Gottesdienstes dar. Die Feier wird mit der Verkündigung des Wortes Gottes fortgesetzt.

Eröffnung

Einzug

Bei der Einzugsprozession wird die brennende Prozessionskerze mitgetragen. Der Einzug kann in Stille erfolgen oder von Orgelspiel begleitet werden. Während des Luzernars steht die Gemeinde.

▨ *Liturgischer Gruß – Lichtruf*

Der Leiter/Die Leiterin wendet sich zur Gemeinde mit dem Ruf:

L Im   Namen   unseres   Herrn   Jesus   Chri - stus:

Licht   und   Frie - den.   A Dank   sei   Gott.

Die Prozessionskerze wird auf einen Leuchter gestellt, der gut sichtbar an einem besonderen Platz steht. Mit dem Licht der Prozessionskerze werden die Kerzen am Altar und die übrigen Kerzen im Kirchenraum entzündet, bei festlichen Gelegenheiten auch die Kerzen der Mitfeiernden.

▨ *Lichthymnus*

Es folgt der Lichthymnus, der von der Gemeinde oder einem Kantor/einer Kantorin (Schola, Chor) gesungen wird, etwa:

Angelangt an der Schwelle des Abends (GL 701)
Du höchstes Licht, du ew'ger Schein (GL 557,1–5)
Mein schönste Zier (GL 559,1–4)
O Jesu Christe, wahres Licht (GL 643,1–5)
Wenn wir das Leben teilen (U 47)
Meine Hoffnung und meine Freude (U 103) + Ps
Sei gegrüßt, Herr Jesus (U 69,1+5)
Friede und Licht (U 63)

Für die geprägten Zeiten eignen sich:

Advent:
Gott, heilger Schöpfer aller Stern (GL 115)
Weihnachten:
Komm, du Heiland aller Welt (GL 108)
Singen wir mit Fröhlichkeit (GL 135)
Sieh, dein Licht will kommen (GL 147)
Osterzeit:
O Licht der wunderbaren Nacht (GL 208)

▨ *Lichtdanksagung*

Der Leiter/Die Leiterin singt oder spricht:

[Wenn ein Diakon der Feier vorsteht, kann die Lichtdanksagung mit folgendem Ruf eröffnet werden:

D: **Der Herr sei mit euch.**
A: **Und mit deinem Geiste.**]

L: **Lasset uns danken dem Herrn, unserem Gott.**
A: **Das ist würdig und recht.**

Am Abend

L: **Wir danken dir Herr, unser Gott,**
   durch deinen Sohn, unseren Herrn Jesus Christus.
Durch ihn hast du uns erleuchtet
und uns das unvergängliche Licht gezeigt.
Wir haben die Stunden des Tages durchmessen
und den Anfang der Nacht erreicht.
Wir haben uns erfreut am Licht des Tages,
   das du geschaffen hast, um uns zu erquicken.
Da wir auch jetzt am Abend
   durch deine Güte das Licht nicht entbehren,
loben und preisen wir dich durch deinen Sohn,
   unseren Herrn Jesus Christus.
Durch ihn gebührt dir Herrlichkeit, Ehre und Macht
in der Einheit des Heiligen Geistes, jetzt und in Ewigkeit.
A: **Amen.**

Oder:

L: **Wir preisen dich, Gott.**
Du bist voll strahlendem Glanz.
Wir überschreiten die Schwelle des Abends
und suchen dein immerwährendes Licht.
Du geleitest uns zum Licht,
   das keinen Abend kennt.
Wir können nicht aufhören,
deine Güte zu preisen,
   die stärker ist als alles Dunkel,
und dein Erbarmen zu loben,
   das uns Leben in Fülle schenkt,
von Tag zu Tag und in Ewigkeit.
A: **Amen.**

Am Morgen

L: **Wir danken dir, Herr, unser Gott,**
   durch deinen Sohn, unseren Herrn Jesus Christus.
Durch ihn hast du uns erleuchtet
und uns das unvergängliche Licht gezeigt.
Wir haben die Stunden der Nacht durchmessen
und den Anfang des Tages erreicht.
Wir freuen uns über das Licht des Tages,
   das du geschaffen hast, um uns zu erquicken.
Da wir jetzt durch deine Güte
   den Tag mit deinem Licht beginnen,
loben und preisen wir dich durch deinen Sohn,
   unseren Herrn Jesus Christus.
Durch ihn gebührt dir Herrlichkeit, Ehre und Macht
in der Einheit des Heiligen Geistes, jetzt und in Ewigkeit.
A: **Amen.**

Weitere Gebete zur Lichtdanksagung

In der Adventszeit

L: **Wir preisen dich, unsichtbarer, ewiger Gott,**
du bist die Quelle allen Lebens.
Du bist das Licht, vor dem alle Finsternis weicht.

Aus dem verborgenen Ursprung
hast du deinen Sohn Jesus Christus in die Welt gesandt,
um uns deine Liebe zu offenbaren
und uns aus der Dunkelheit des Lebens zu befreien.
In ihm ist dein Licht des Friedens aufgeleuchtet
mitten im Unfrieden der Welt.
Durch ihn hast du das Licht der Gerechtigkeit entzündet,
wo Ungerechtigkeit herrscht.
Durch seine Liebe hast du alle erleuchtet,
die in Finsternis sitzen und im Schatten des Todes.

Wir glauben, dass dein Licht in der Welt nicht untergeht,
und wir hoffen, dass es am Ende der Zeiten
keine Finsternis mehr geben wird.
Dann dürfen wir dich von Angesicht zu Angesicht schauen,
und unser Lob wird kein Ende haben.

Du rufst uns,
als Kinder des Lichts wachend und betend
deinem unvergänglichen Licht entgegenzugehen
und das Wiederkommen deines Sohnes zu erwarten.
Dafür sei dir Dank, Preis und Ehre, jetzt und in Ewigkeit.
A: **Amen.**

An Weihnachten

L: **Wir preisen dich, Herr Jesus Christus.**
Du bist das wahre Licht, das der Welt erschienen ist.
Durch deine Menschwerdung ist mitten im Elend der Zeit
der Glanz der ewigen Herrlichkeit aufgeleuchtet.
Du hast das Licht des Friedens, der Gerechtigkeit und Liebe entzündet
und der ganzen Schöpfung Leben und Heil geschenkt.
Dafür danken wir dir und preisen dich,
der du mit dem Vater und dem Heiligen Geist
lebst und herrschst in Ewigkeit.
A: **Amen.**

Am Fest der Erscheinung des Herrn

L: **Wir preisen dich, Herr Jesus Christus.**
Du bist das wahre Licht, das der Welt erschienen ist.
Durch die Menschwerdung im Stall von Bethlehem
hast du die Erde mit dem Glanz des Himmels erfüllt.
Selbst im schimmernden Reich der Sterne
erstrahlt dein unvergängliches Licht.
Wie es einst die Weisen aus dem Morgenland zu dir,
dem König und Herrn, geführt hat,
so kündet heute das Licht der Kerze von deiner Herrschaft unter den Menschen.
Du lässt dein Licht in der Welt wachsen,
bis am Ende der Zeiten der Glanz deiner Herrlichkeit alles überstrahlt
und die Finsternis für immer ein Ende hat.
Dafür danken wir dir und preisen dich,
der du mit dem Vater und dem Heiligen Geist
lebst und herrschest in Ewigkeit.
A: **Amen.**

Die Gemeinde setzt sich. Die Kerzen der Gläubigen brennen während der ganzen Feier.

Es folgt die Verkündigung des Wortes Gottes.

Weihrauch-Spende

Weihrauch gehört zu den sinnenfälligen Zeichen der Liturgie. Er wird gedeutet als Wohlgeruch Gottes, ist Ausdruck festlicher Freude und feierlichen Gebetes, das zu Gott aufsteigt. Er ist Zeichen der Verehrung und Anbetung und kann auch Zeichen der Reinigung sein. Seine Symbolkraft kommt besonders zur Wirkung, wenn nach Art einer Weihrauch-Spende in einer offenen Schale Weihrauchkörner auf einer glühenden Kohle verbrannt werden.

Eine Weihrauch-Spende kann in der Wort-Gottes-Feier ihren Platz haben
    beim Sonn-(Fest-)täglichen Lobpreis (A)
    bei den Fürbitten (B)
    als Bußritus mit anschließendem Friedenszeichen (C)

Vorzubereiten sind:
    Weihrauchschale oder Rauchfass
    glühende Kohlen
    Weihrauchschiffchen oder eine Schale (Gefäß) mit Weihrauch

Die Schale (Rauchfass) wird für die Gemeinde sichtbar vor dem Altar aufgestellt.

A) Beim Sonn-(Fest-)täglichen Lobpreis

Da der Weihrauch vor allem ein Ausdruck festlicher Freude und des feierlichen Gebetes ist, kann die Weihrauch-Spende dazu dienen, den sonntäglichen Lobpreis sinnenfällig einzuleiten und zu begleiten.

Der Leiter/Die Leiterin lädt zum Lobpreis ein. Die Gemeinde erhebt sich.

L: Wie Weihrauch zum Himmel aufsteigt, so mögen auch wir unsere Herzen zu Gott erheben. Unser Lobpreis soll als festliche Gabe zu Gott emporsteigen.

Der Leiter/Die Leiterin oder eine andere Person legt Weihrauchkörner in die Schale. Der Kantor/Die Kantorin singt den Versikel zum Weihrauchritus:

K/A Wie Weih - rauch stei - ge mein

Ge - bet vor dir auf, Herr, du mein Gott.

T: Ps 141,2a.8a   M: Antiphonale zum Stundengebet 1979

Oder:

K/A Vom Auf - gang der Son - ne bis zum Un - ter - gang

wird Weih - rauch dar - ge - bracht dei - nem Na - men.

T: vgl. Mal 1,11   M: Michael Heigenhuber

Die Schale kann während des Gesangs emporgehoben werden.

Es folgt der Sonn-(Fest-)tägliche Lobpreis.

B) Bei den Fürbitten

Besonders nachdrücklich wird der Weihrauch als Symbol des Gebetes erfahren, wenn er zum Allgemeinen Gebet der Gläubigen hinzukommt.

Vor der Einleitung zu den Fürbitten legt der Leiter/die Leiterin oder eine andere Person Weihrauch in die Schale ein. Dazu wird der Versikel der Weihrauch-Spende gesungen:

K/A Wie Weih - rauch stei - ge mein

Ge - bet vor dir auf, Herr, du mein Gott.

Oder:

K/A Vom Auf-gang der Son - ne bis zum Un - ter - gang
wird Weih - rauch dar - ge - bracht dei - nem Na - men.

Die Schale kann während des Gesangs emporgehoben werden.

Es folgt die Einleitung zu den Fürbitten, oder unmittelbar folgen die einzelnen Fürbitten. Die Gemeinde kann als Antwort auf die einzelnen Bitten den Versikel singen. Zu den einzelnen Fürbitten kann jeweils Weihrauch eingelegt werden.

C) Beim Bußritus mit anschließendem Friedenszeichen

Seit ältester Zeit wird das Verbrennen von Weihrauch als Zeichen der Reinigung und Mittel zur Heilung verstanden.

Nach der Verkündigung des Wortes Gottes (und dem Glaubensbekenntnis/Predigtlied) spricht der Leiter/die Leiterin:

L: Schwestern und Brüder, das Wort Gottes hat uns gestärkt und ermutigt. Es lässt uns aber auch unser Versagen und unsere Schuld erkennen. Bitten wir Gott um Vergebung unserer Sünden. Wie der Duft des Weihrauchs diesen Raum erfüllt, so durchdringe und heile die Liebe Christi neu unser Leben.

Der Leiter/Die Leiterin legt in eine Schale mit glühender Kohle Weihrauchkörner ein. Der Kantor/Die Kantorin (oder der Leiter/die Leiterin) stimmt dazu folgende Antiphon an:

ANTIPHON

K/A Wie Weih - rauch stei - ge mein
Ge - bet vor dir auf, Herr, du mein Gott.

Zur Antiphon kann die Schale emporgehoben werden.

L: Wie Weihrauch steige unser Gebet auf zu dir,
als abendliches Opfer nimm an die Reue unseres Herzens:
Gesündigt haben wir,
Unrecht haben wir getan,
beladen mit Schuld stehen wir vor dir,
heiliger, gerechter, barmherziger Gott.
Denk an dein Erbarmen –
denn wolltest du der Sünden gedenken, Herr,
wer würde dann noch bestehen?

ANTIPHON

L: Schau auf deinen Sohn,
den du für uns zur Sünde gemacht hast!
Wie Weihrauch sich verzehrt
und köstlichen Duft verströmt,
so hat er sich selbst dargebracht
in der Hingabe seines Lebens.
Am Kreuz hat er betend die Hände zu dir erhoben.
In seinen ausgespannten Armen
hast du alle Menschen in Liebe umarmt
und die Welt mit dir versöhnt.

ANTIPHON

L: Schaffe neu unser Herz durch deinen Heiligen Geist
und erfülle es mit der Glut deiner Liebe.
Lass wachsen unter uns den Geist deines Sohnes,
den Geist der Versöhnung und des Friedens.
Wie der Duft des Weihrauchs diesen Raum erfüllt,
so durchdringe Christi Liebe unser ganzes Leben.
Mit seiner Hingabe vereint
steige unser Gebet wie Weihrauch zu dir empor,
als Opfer und Gabe dir zu lieblichem Wohlgeruch.

ANTIPHON

Das Friedenszeichen schließt sich an.

Verehrung des Wortes Gottes

Die Verehrung des Wortes Gottes drückt die Freude darüber aus, dass der Herr in seinem Wort gegenwärtig ist. Sie kann als Antwortelement auf die Verkündigung des Wortes Gottes ausgewählt werden und führt die Symbolik der Evangelienprozession weiter.

Übertragung und Aufstellung (Inthronisation) des Buches

Das Evangeliar oder Mess-Lektionar wird vom Leiter/von der Leiterin für alle sichtbar aufgestellt. Es können zwei Leuchter links und rechts neben das Buch gestellt werden. Währenddessen wird das Halleluja oder der Christusruf wiederholt.

Hinführung und Einladung zur Verehrung des Wortes Gottes

Der Leiter/Die Leiterin kann mit folgenden oder ähnlichen Worten in die Zeichenhandlung einführen:

**L: Schwestern und Brüder,
Jesus Christus ist gegenwärtig in seinem Wort,
das wir gehört haben.
Wenn wir die Heilige Schrift ehren,
verehren wir Jesus Christus selbst.**

Der Leiter/Die Leiterin lädt mit folgenden oder ähnlichen Worten zur Verehrung des Wortes Gottes ein:

**L: Ich lade Sie ein,
nach vorne zu kommen und sich vor der Heiligen Schrift zu verneigen.
Sie können sie auch mit der Hand berühren.**

Verehrung des Wortes Gottes durch die Gemeinde

Meditative (Orgel-)Musik oder ein geeigneter Gesang kann die Verehrung des Wortes Gottes begleiten.

Fürbitten

Modell 1

L: Vielfältig ist die Not, in der Menschen auf Gottes Hilfe warten. Darum beten wir zu Gott, unserem Vater:

VB: Für unseren Papst N. und unseren Bischof N., die berufen sind, die Kirche zu leiten.

– Stille –

VB: Gott, du Grund unserer Hoffnung. – A: Erhöre unser Gebet.

VB: Für die Männer und Frauen, deren Beruf es ist, dein Wort und deine Liebe zu bezeugen: in der Gemeinde und im Religionsunterricht, in Caritas und Sozialarbeit, im Dienst an behinderten Menschen, an Kranken und Sterbenden.

VB: Für alle, deren Aufgabe es ist, für die Interessen von benachteiligten Gruppen oder ganzen Völkern einzustehen: in Politik und Wirtschaft, in Gesellschaft und Kirche.

VB: Für die Pfarrgemeinden, die wegen des Priestermangels am Sonntag keine heilige Messe miteinander feiern können.

VB: Für die Opfer von Kriegen und Bürgerkriegen: die Toten und Verwundeten, die Menschen, die ihr Hab und Gut verloren haben, die Frauen, Männer und Kinder, die allein zurückbleiben, die Flüchtlinge und Vertriebenen.

VB: Für die Menschen in unserer Gemeinde, die vor großen Problemen stehen: die Opfer gescheiterter Beziehungen, die Kranken, die Menschen, die keinen Arbeitsplatz finden.

…

VB: Für die Verstorbenen, die uns lieb und teuer waren, und für jene, für die niemand betet.

L: Vater im Himmel, zeige deine Macht über alle Not, damit alle dich loben und preisen, jetzt und in Ewigkeit.

A: Amen.

Modell 2

L: „Gott hat die Welt so sehr geliebt, dass er seinen einzigen Sohn hingab, damit jeder, der an ihn glaubt, nicht zugrunde geht, sondern das ewige Leben hat" (Joh 3,16). Deshalb bitten wir:

VB: Sende der Kirche deinen Geist, damit die Frohe Botschaft die Herzen der Menschen auch heute erreicht.

— Stille —

VB/A: Herr, unser Gott, erbarme dich.

VB: Gib jungen Menschen den Mut, deinem Ruf zu folgen und sich in den Dienst der Kirche senden zu lassen.

VB: Steh unserem Papst N. und den Bischöfen bei in ihrem Dienst zum Heil der Menschen.

VB: Erschüttere die Herzen derer, die von Hass erfüllt sind, die andere verletzen oder vernichten.

VB: Erbarme dich aller, die hilflos wirtschaftlicher Ungerechtigkeit oder Naturkatastrophen ausgesetzt sind und denen das tägliche Brot fehlt.

VB: Heile die Menschen, die an Leib und Seele krank sind.

VB: Lenke du unsere Schritte, damit wir auf unseren oft schwierigen oder krummen Wegen zu dir finden.

…

L: Gott, unser Vater. Höre unsere Bitten, und gib uns, was für uns gut ist, durch Jesus Christus, unseren Herrn.

A: Amen.

Modell 3

L: Gott ist der Geber alles Guten. Zu ihm dürfen wir kommen mit vollen und leeren Händen, mit unserem Gelingen und Versagen. Wir bitten ihn:

VB: Für die Kirche: für die vielen, die sie ohne großes Aufsehen tragen und bereichern; für alle, die sich mühen, durch ihr Leben Zeugnis zu geben für ihren Glauben.

– *Stille* –

VB/A: Vater im Himmel, wir rufen zu dir.

VB: Für alle Menschen, die Macht haben über andere: in der Politik, in der Wirtschaft und Freizeit und auf geistigem Gebiet.

VB: Für jene Pfarrgemeinden, die ohne Priester sind und auf die gemeinsame sonntägliche Eucharistiefeier verzichten müssen.

VB: Für Menschen, die Not leiden in den armen Regionen dieser Welt; für Menschen, deren Stimme nicht zählt, und für jene, auf die niemand Rücksicht nimmt.

VB: Für unsere Gemeinde: für jene, die sich ohne großen Lohn für andere einsetzen; für alle, denen die Kirche gleichgültig geworden ist.

…

VB: Für unsere Verstorbenen: für alle, die uns Gutes getan haben; für jene, an die niemand mehr denkt.

L: Gott, unser Vater, bei dir sind wir geborgen. Dich preisen wir jetzt und in Ewigkeit.

A: Amen.

Modell 4

L: Die Botschaft vom Reich Gottes soll den Menschen überall auf der Erde verkündet werden. So bitten wir:

VB: Für unseren Papst, unsere Bischöfe und für alle, denen in der Kirche Verantwortung übertragen ist.

– *Stille* –

VB/A: Herr, erhöre unser Gebet.

VB: Für die Katechetinnen und Katecheten, die in allen Erdteilen an der Weitergabe des Glaubens mitwirken.

VB: Für alle, die in den Elendsvierteln um Menschlichkeit und Solidarität kämpfen. Für die Arbeit der großen und kleineren Hilfswerke.

VB: Für die Pfarrgemeinden, die am Sonntag nicht miteinander die Eucharistie feiern können.

VB: Für die Gemeinden und Ortskirchen, mit denen unsere Diözese Partner- und Patenschaften unterhält.

VB: Für die Völker und Stämme, die aus Profitgier bedrängt, vertrieben und umgebracht werden. Für die Flüchtlinge, die aus religiösen und politischen Gründen ihre Heimat verlassen müssen.

VB: Für die Christen, die ihren Glauben mit dem Leben bezeugen.

…

L: Gott, unser Vater, du sammelst dein Volk überall auf der Welt. Gedenke deiner Verheißung, rette dein Volk und führe es bis in Ewigkeit.

A: Amen

Modell 5

L: Gott will das Heil aller Menschen. Durch seinen Sohn Jesus Christus bitten wir ihn:

VB: Für alle, die am Leitungsamt der Kirche teilhaben, dass sie ihren Dienst mit Zuversicht und Vertrauen erfüllen.

   – Stille –

   VB: Gott, unser Vater. – A: Wir bitten dich, erhöre uns.

VB: Für alle, denen Schweres auf dem Herzen liegt, dass sie aufatmen und leben.

VB: Für alle, die die Zukunft fürchten, dass sie wieder Vertrauen schöpfen können.

VB: Für alle, die ein Scheitern hinter sich haben, dass sie neu beginnen können.

VB: Für alle, die von Zweifeln geplagt sind, dass sie in dir Halt finden.

VB: Für alle, die sich verloren fühlen, dass sie ein Zuhause finden.

VB: Für alle, denen das Lebensnotwendige fehlt, dass sie Hilfe finden.

VB: Für alle, die satt sind, dass sie ihre Hände öffnen.

VB: Für alle, die es gut haben, dass sie ihre Verantwortung wahrnehmen.

VB: Für unsere Gemeinden und für uns selbst.

…

L: Gott allen Lebens, dich rufen wir an und preisen dich heute und alle Tage bis in Ewigkeit.

A: Amen.

Modell 6

L: Zu Gott, der in Jesus Christus unser Nächster geworden ist, beten wir:

VB: Für unseren Papst, die Bischöfe und für alle Verantwortlichen in der Kirche.

– *Stille* –

VB/A: Schenke ihnen deine Hilfe und dein Erbarmen.

VB: Für das Personal in unseren Krankenhäusern, Pflegeheimen und in den ambulanten Diensten.

VB: Für die Ärzte und Sanitäter, die bei Unfällen zum Einsatz gerufen werden.

VB: Für die Angestellten in den Sozialämtern und Beratungsstellen, für die Sozialarbeiterinnen und Streetworker.

VB: Für alle, die sich engagieren, in Selbsthilfegruppen, bei der Telefonseelsorge und in den Besuchsdiensten.

VB: Für alle, die den Boden unter den Füßen verloren haben.

VB: Für alle, die auf irgendeine Weise Gewalt erfahren.

…

L: Gott, unser Vater, du kennst unsere Not, lass unser Rufen nicht vergebens sein. Dir gilt unser Dank heute und alle Tage bis in Ewigkeit.

A: Amen.

Abkürzungen

A	Alle
AES	Allgemeine Einführung in das Stundengebet
D	Diakon
DV	Zweites Vatikanisches Konzil, Dogmatische Konstitution über die göttliche Offenbarung „Dei Verbum"
GL	Gotteslob. Katholisches Gebet- und Gesangbuch
K	Kantor/Kantorin
L	Leiter/Leiterin
MB	Messbuch
PEML	Pastorale Einführung in das Mess-Lektionar
SC	Zweites Vatikanisches Konzil, Konstitution über die heilige Liturgie „Sacrosanctum Concilium"
U	Unterwegs. Lieder und Gebete
VAS	Verlautbarungen des Apostolischen Stuhls
VB	Vorbeter/Vorbeterin